Pierre Franckh & Michaela Merten

Neue Wunschgeschichten für die Seele

Pierre Franckh & Michaela Merten

Neue Wunschgeschichten für die Seele

IRISIANA

Inhalt

Kleine und große Wunder

Zu Hause und unterwegs

Ein Universum an Wünschen

So vielfältig die Wünsche auch sein mögen,
so facettenreich und unterschiedlich.
Hinter jedem Wunsch steht immer nur ein Ziel.
Glücklich zu sein.

Erfolgreich wünschen – es funktioniert!

Die wundervollen Geschichten in diesem Buch zeigen uns, wie andere es geschafft haben – scheinbar aus dem Nichts – allein durch *Erfolgreich Wünschen* ihrem Leben eine glückliche Wendung zu geben.
Welche Wünsche du auch immer auf dem Herzen hast, vielleicht machen dir einige dieser Erfolgsgeschichten genügend Mut, auch deine Ziele anzugehen. Mögen sie auch noch so unmöglich erscheinen.

Unmöglich ist nur das, was du für unmöglich hältst.

Vielleicht verändert dieses Buch ja auch deine Sichtweise und motiviert dich, all deine Sehnsüchte und Ziele ebenso real werden zu lassen.

Ziele visualisieren,
Positives Denken,
Selbstsuggestion,
kann das überhaupt funktionieren?

Ja, sagt die Hirnforschung.
Ja, sagt die positive Psychologie.
Und »Ja!« sagen inzwischen unzählige Menschen,
die sich durch ihre eigene mentale Kraft
unvorstellbar viele Wünsche und Ziele erfüllt haben.
Wann sagst auch du Ja?

Was erwartet dich in diesem Buch?

Du findest viele Mut machende Geschichten von erfolgreich *gelieferten* Wünschen. Diese Geschichten werden etwas in dir bewirken. Denn das Wundervolle beim Lesen dieser Erlebnisse ist, dass wir wesentlich mehr Kraft, Freude und vor allem Vertrauen gewinnen, es auch einmal selbst zu probieren. Dafür sind die Spiegelneuronen in unserem Gehirn verantwortlich. Sie greifen das Gesehene oder Gelesene unglaublich schnell auf und geben uns das Gefühl, es bereits selbst zu können.
Es ist also nicht nur extrem beflügelnd, erfolgreiche Wunschgeschichten von Menschen zu lesen, die sich ihre Herzenswünsche erfüllt haben, sondern es werden auf diese Weise auch die Spiegelneuronen in unserem Gehirn angeregt. Sie helfen uns – allein durch das Lesen solcher Geschichten – zu der Gewissheit zu gelangen: »Das kann ich auch schaffen.«
Gleichzeitig lernen wir von diesen Geschichten. Auch dafür sind die Spiegelneuronen verantwortlich. Wir werden tatsächlich besser beim Realisieren unserer Wünsche. Wir werden immer bewusster und fokussierter zu wünschen beginnen.

Und hier auch gleich ein riesiges Dankeschön:

Für uns persönlich ist es wundervoll, die Berichte von denjenigen zu lesen, die *Erfolgreich Wünschen* anwenden.

Wir – Michaela und ich – lieben die vielen, vielen Mails, die uns tagtäglich erreichen und uns zeigen, dass unsere Arbeit wertvoll ist und wertgeschätzt wird.

Warum funktioniert *Erfolgreich Wünschen* so gut?

Wenn wir früher an die Erfüllung unserer Wünsche noch *glauben* mussten, so gibt es mittlerweile ein ziemlich großes Wissen über die Funktionsweise des Gehirns. Und so verstehen wir heute ziemlich genau, wie unser Gehirn dazu beiträgt, unsere Wünsche zu realisieren.
Unser Verstand braucht klare *Befehle*, zum Beispiel in Form von Affirmationen oder dem ständigen Wiederholen positiver Gedankenketten. Auch das Visualisieren des positiven Ausgangs unserer Wünsche ist ein hervorragender Impuls für unser Gehirn.
Es gibt natürlich noch viele andere effiziente Hilfsmittel, die wir in diesem Buch kennenlernen werden. Das wirklich Wesentliche ist, dass wir vom positiven Ausgang unserer Wünsche überzeugt sind.

Wenn wir …

… immer wieder konzentriert an das Erreichen unserer Ziele denken, unsere Visionen so genau und präzise wie möglich vor unserem inneren Auge ablaufen lassen, oder
… *so tun, als ob* sich unsere Wünsche bereits realisiert hätten und an ihnen beständig festhalten, dann können sich in unserem Gehirn eine Menge verschiedener Dinge ändern.

1. Die Bereiche in unserem Gehirn, die wir häufig nutzen, werden physisch größer. Man kann dies mit einer sogenannten funktionellen Magnetresonanztomografie nachweisen.
2. Die häufig genutzten Gehirnareale werden nicht nur leistungsfähiger und aktiver, sondern dort beginnen auch die automatischen Gedankenketten rascher und effektiver zu laufen. Und zwar in unsere gewünschte Richtung.
3. Darüber hinaus geschieht noch etwas Spannendes: Unser Gehirn beginnt seinen *Wahrnehmungsfilter* nach unseren Wünschen und Sehnsüchten auszurichten.

Was ist überhaupt ein Wahrnehmungsfilter?

Pro Sekunde strömen 10 000 bis 11 000 Eindrücke auf uns ein. So viele Eindrücke kann unser Gehirn aber nicht gleichzeitig verarbeiten. Deshalb ist unser Gehirn gezwungen, viele Dinge von unserer bewussten Wahrnehmung auszublenden. Auch wenn all diese Dinge da sind, gibt es sie für uns einfach nicht, da wir sie nicht wahrnehmen.

Unser Gehirn filtert also große Teile aus unserem Leben einfach aus.

Der Wahrnehmungsfilter ist vergleichbar mit der Fernsteuerung unseres TV-Gerätes. Wir suchen ein Programm aus und sehen es an. Und damit filtern wir die Frequenzen aller anderen Sender aus. Alle anderen – ebenso möglichen – Programme nehmen wir nun nicht mehr wahr.

Obwohl sie zur gleichen Zeit ablaufen. Obwohl sie ebenso in unserem Leben sein könnten.
Wie wir wissen, sucht sich jeder von uns nun sein *Lieblings*-Fernsehprogramm aus.
Genau das Gleiche tun wir im alltäglichen Leben. Wir wählen – je nach Überzeugung – unser ganz individuelles »Wahrnehmungsprogramm« aus und erleben auf diese Weise natürlich nur die Dinge mit unseren Mitmenschen, die das gleiche Wahrnehmungsprogramm ausgewählt haben. Denn Gleiches zieht immer Gleiches an. Bleiben wir eine Zeit lang dabei, glauben wir nicht mehr daran, dass es auch noch andere Programme geben könnte. Und dennoch ist es so.

Wir nehmen pro Sekunde nur zehn bis elf Eindrücke bewusst wahr.

Alles andere entzieht sich unserer Wahrnehmung. Obwohl es ebenso vorhanden ist. Was aber genau nehmen wir wahr?

1. Zum einen nehmen wir das wahr, was wir in unserer Vergangenheit erfahren und erlebt haben. Also all das, was uns unsere Erziehung, unsere Gesellschaft, unsere Kultur und unsere Erfahrung beigebracht haben.
   Daraus haben sich tief sitzende Überzeugungen entwickelt. Deswegen sucht unser Gehirn beständig nach Bestätigung dieser vorgefassten Grundhaltung. Gleichgültig, ob eine Überzeugung für uns hilfreich ist oder eher hinderlich.

2. Zum anderen aber – und das ist für das Wünschen so wesentlich – nehmen wir all die Dinge bewusst wahr, auf die wir unseren Fokus legen. Wenn wir also neue Ziele ins Auge fassen, richten wir unseren Wahrnehmungsfilter auf das Erreichen dieser Ziele aus. Tun wir dies eine Zeit lang, bekommen wir völlig neue Informationen und völlig neue Möglichkeiten. Wir nehmen plötzlich Menschen wahr, die uns helfen, bekommen Angebote, die vorher scheinbar unerreichbar waren, erhalten Hinweise, welche Wege leicht begehbar sind. All diese Dinge gab es auch schon vorher. Aber erst jetzt nehmen wir sie bewusst wahr. Wir öffnen uns also für die Erfüllung unserer Wünsche.

Eine kleine Gebrauchsanleitung findest du auf den folgenden Seiten. Und natürlich zeigen dir all die vielen Wunschgeschichten in diesem Buch, wie *Erfolgreich Wünschen* funktioniert.

Kleine Gebrauchsanleitung

1. Beginne mit kleinen Wünschen.

Um unseren Verstand zu überzeugen, sollten wir mit kleinen Dingen beginnen. Da Erfolg weitere Erfolge nach sich zieht, werden wir durch die Erfüllung der kleineren Wünsche immer sicherer in der Erfüllung der großen Wünsche.

2. Formuliere deine Wünsche in der Gegenwartsform

Ziele und Wünsche sollen in der Gegenwartsform formuliert werden – nicht in der Zukunftsform.

Es ist für uns wesentlich greifbarer, wenn wir sagen: »Ich bin erfolgreich«, als: »Ich will erfolgreich sein.« Sonst erschaffen wir den Zustand von »etwas wollen« und nicht von »etwas sein«.

3. Vermeide die Wörter »nicht« und »kein« in deinen Wunschformulierungen.

Alles, was wir nicht wollen, ziehen wir fast unvermeidlich in unser Leben, weil wir unsere gedankliche Energie dort hinführen. Hier greift die Regel »Gleiches zieht Gleiches an«. Die Formulierung sollte also lauten: »Ich bin reich«, und nicht: »Ich bin nicht arm«.

4. Formuliere deine Wünsche klar, kurz und präzise.

Je klarer der Wunsch formuliert ist, umso genauer kann das Entsprechende auf uns zukommen.

Je kürzer und klarer die Sätze sind, desto mehr sind wir dazu aufgefordert, zum eigentlichen Wesenskern unseres Wunsches zu gelangen. Gelingt uns das in wenigen kurzen Sätzen, wird deutlicher, was wir uns eigentlich wünschen.

5. Schreibe deine Wünsche auf.

Wenn wir unsere Wünsche aufschreiben, haben wir unser Ziel klar vor Augen – ab jetzt ist unser fester Wille eindeutig.

Das Aufschreiben hat noch mehr Vorteile: Wir können die Erfüllung des Wunsches nachvollziehen und auch an der Wortwahl feilen. Oder den Wunsch durch Umformulieren wieder neutralisieren – wenn wir ihn nicht mehr wollen.

6. Tu so, als ob das Gewünschte bereits da wäre.
Stell dir vor, dass du das, was du dir wünschst, bereits hast. Beschäftige dich mit dem Ziel auf positive Weise und gehe in die Vorfreude. Lächle und sei glücklich, das ist die beste Stimmung, um einen Wunsch in dein Leben zu ziehen.

7. Stelle dir die Wunscherfüllung so genau wie möglich vor.
Nutze die bildhafte Vorstellungskraft. Um dich intensiv und nachhaltig mit deinem Wunsch zu beschäftigen, solltest du eine Wunsch-Collage machen. Hänge sie gut sichtbar auf, damit du deine Wünsche immer vor Augen hast und sie gegebenenfalls optimieren kannst.

8. Sei dankbar für die Geschenke des Lebens.
Mit dem Danken vermehren wir die Fülle. Wir richten unsere Aufmerksamkeit auf die Dinge, die bereits gut laufen. Energie folgt dorthin, wo man seinen Blickwinkel hinlenkt. Betrachtest du das Gute, wird dir immer mehr Gutes widerfahren.

9. Sei voller Vertrauen.
Zweifel sind auch »Wünsche« – nur in die falsche Richtung. Wenn wir zweifeln, dann boykottieren wir unsere Wünsche und Ziele. Wenn du nicht an den Erfolg glaubst, kannst du keinen Erfolg haben. Stärke dein Vertrauen in dich und deine Ziele.

10. Sei verschwiegen.
Verfrüht über die eigenen Pläne zu sprechen, kann die Erfüllung des Wunsches schwächen. Die kreative Energie »verpufft« und wir werden durch die Reaktion der anderen irritiert. Erzähle nur den Menschen davon, die dich liebevoll unterstützen.

11. Sei offen für Zufälle.
Oft wird der Wunsch auf unerwartete und ungewöhnliche Weise erfüllt. Sei einfach bereit und überzeugt davon, dass der Wunsch sich erfüllt. Sei offen für den »Zufall«.

12. Finde deinen Herzenswunsch heraus.
Bevor wir mit dem Wünschen anfangen, sollten wir uns folgende Fragen stellen: 1. Will ich das wirklich?
2. Brauche ich das wirklich?
3. Macht es mich glücklicher? Jeder erfüllte Wunsch kann unser Leben verändern – bist du bereit dazu?

Wünsche und sei bereit,
all die Wunder in deinem Leben zuzulassen.

Über große und kleine Wünsche

Natürlich könnte man so ein Buch zunächst mit kleinen Wünschen beginnen, um dann zu immer größeren Wünschen zu kommen. Aber das würde dem wahren Kern von *Erfolgreich Wünschen* nicht gerecht werden. Denn es gibt beim Wünschen keine großen oder kleinen Wünsche. Die gibt es nur in unserem Bewertungssystem.

Man könnte auch sagen, dem Universum oder dem Unterbewusstsein ist es egal, wie »groß« oder »klein«, wie »außergewöhnlich« oder »alltäglich« unsere Wünsche für uns sind. Wenn wir wünschen und Ziele visualisieren, richtet unser Verstand seinen Fokus auf Lösungen aus. Er sucht regelrecht nach Möglichkeiten, wie sich unsere Wünsche realisieren lassen.
Die Energie, die wir beim Wünschen aussenden, fragt also nicht nach Moral oder ob uns etwas zusteht, ob der Wunsch auch anderen hilft oder ob er rein egoistisch ist.

***Erfolgreich Wünschen* arbeitet wie eine energetische Suchmaschine.**

Ganz gleich in welche Richtung wir uns beständig hineindenken, dies wird sich bald in unserem Leben zu zeigen beginnen.
Interessant ist also: Was denken wir die meiste Zeit? Denken wir kraftvoll und positiv, voller Hoffnung und Zuversicht? Oder zweifeln wir eher?

Wünschen ist … zielorientiertes Denken.

Beim Wünschen entscheiden wir uns bewusst und zielorientiert dafür, unsere Gedanken zu lenken, damit sich die mentale Kraft vollkommen auf dieses Ziel konzentrieren kann. Wir erweitern unseren Wahrnehmungsfilter und öffnen uns für Möglichkeiten und Lösungen.

Wie Zweifel arbeiten

Auch ein Zweifel ist ein sehr klarer »Wunsch« – nur ein umgekehrter. Er ist auch nur ein Gedanke. Meistens ist dieser Gedanke aber viel konkreter und zielgerichteter als seine positive Entsprechung. Zweifelnde Gedanken werden viel öfter wiederholt – und genau deswegen sucht unser Gehirn nach Möglichkeiten, diese Gedanken zu realisieren.

Wenn wir zweifeln, also negativ denken, geschieht in unserem Gehirn genau genommen das Gleiche wie beim positiven Denken – nur in die andere Richtung.

Unsere mentale Kraft richtet ihren Fokus immer nach der Erfüllung unserer zielgerichteten Gedanken aus. Denken wir zum Beispiel »Ich bin ein Versager« oder »Alle anderen sind besser«, dann sucht unser Verstand nach Möglichkeiten, dass wir diese Überzeugung auch real erleben.

Und so treffen wir Menschen, die genau diesem Resonanzfeld entsprechen und uns mit Sicherheit nur allzu gerne bestätigen, dass wir tatsächlich ein Versager sind. Ebenso rasch werden wir Menschen kennenlernen, die scheinbar wesentlich besser sind als wir. Wenn wir solchen Zweifeln lang anhaltend Kraft schenken, manifestieren wir unser Umfeld regelrecht. Über kurz oder lang sind wir dann fast nur noch von Menschen umgeben, die uns kleinmachen, abwerten und keine Chance geben, unser wahres Potenzial zu zeigen.

Jeder Gedanke, jeder Wunsch, ob positiv oder negativ, ob groß oder klein, begibt sich auf die Suche nach Möglichkeiten oder Menschen, die bei der Erfüllung hilfreich zur Seite stehen.

**Wir erleben immer nur das,
was wir dauerhaft und anhaltend denken.**

Es spielt also keine Rolle, ob unsere Gedanken für uns förderlich sind oder uns eher hemmen, unser Gehirn gleicht einem Computer, der unsere Befehle exakt ausführt. Auf diese Weise werden auch unsere Zweifel exakt ausgeführt.

**Wenn es beim Wünschen keine kleinen
oder großen Wünsche gibt, wieso funktioniert es dann
bei kleinen Wünschen so viel besser?**

Ganz einfach: Weil du daran glaubst. Weil du davon überzeugt bist, dass »große« Wünsche nur schwer zu realisieren sind und »kleine« Wünsche schneller erfüllt werden. Vielleicht glaubst du sogar, dass deine mentale Kraft nicht stark genug ist, um so einen großen Wunsch zu realisieren.

Nun, alles geschieht nach deinem Glauben. Dein Glaube – ob er dir nun hilft oder nicht – entwickelt sich zu einer Überzeugung. Und dein Gehirn sucht nach Möglichkeiten, diese Überzeugung real werden zu lassen. Bei sogenannten kleinen Wünschen traust du dir wesentlich mehr zu. Beim Parkplatz-Wunsch zum Beispiel zweifelst du nicht so rasch an der Erfüllung. Dieser Wunsch ist nicht wichtig genug, um Zweifel aufkommen zu lassen. Es ist ein Spiel, und du gehst spielerisch damit um, mit einem Gefühl der Leichtigkeit.

Bei sogenannten großen Wünschen dagegen schwingen sehr oft jede Menge Zweifel mit, die du ebenfalls aussendest. Darüber hinaus gibt es bei großen Wünschen häufig eine gewisse Schwere. Wir fühlen uns bereits hilflos oder entmutigt. Zu lange schon haben wir bestimmte Situationen aushalten müssen. Und so glauben wir nicht mehr so recht daran, dass wir durch Wünschen unser Leben tatsächlich verändern könnten. Oftmals sind also bei großen Wünschen die Zweifel stärker als die Sehnsucht.

Beim Zweifeln ist es so, als würden wir die ausgesandte positive Energie sofort wieder annullieren und zurückholen und stattdessen nur der zweifelnden Energie Kraft und Raum geben.

Was, glaubst du wohl, wird sich dann in deinem Leben realisieren?

Genau: Die Zweifel werden bestätigt und wir sagen dann gerne: »Das habe ich mir doch gleich gedacht.«

Genau. Wir haben es gedacht und unser Gehirn hat sich auf die Suche gemacht, unseren zweifelnden Wunsch zu erfüllen.

Wenn es also keine großen oder kleinen Wünsche gibt, dann können wir doch auch die größeren Dinge angehen. Und das wollen wir jetzt tun.

Lebe deine Wünsche!

Die vielen Wunder des Wünschens

Für manche ist *Erfolgreich Wünschen* sogar eine starke Motivation, wieder am Leben teilzunehmen und neuen Lebensmut zu fassen. Wie zum Beispiel für Dominika. Ihre Geschichte berührte uns zutiefst.

Wie Dominika wieder neuen Lebensmut fasste

Hallo Pierre, hallo Michaela!

Wir kennen uns von eurer Coaching-Ausbildung in München.
Seitdem hat sich unglaublich viel geändert. Das Haus, das ich mir damals so wünschte, stellt euch vor, darin wohne ich jetzt mit meinen drei Kindern.
Ich hätte es eigentlich nicht bezahlen können, aber es geschehen seit den Seminaren bei euch so viele unfassbare Dinge, dass es kaum zu glauben ist.
Auch finanziell geht es uns wieder gut, und gesundheitlich läuft alles prima, obwohl meine große Tochter noch im Januar andauernd wegen Nierenschäden im Krankenhaus war. Jetzt ist alles gut.
Und stellt euch vor: Ich hab mir Kindergartenplätze gewünscht. Und … es hat geklappt!
Ich bin glücklich, habe mein Traumhaus, genug Geld, drei gesunde Kinder, ein gutes Selbstbewusstsein und einen guten Job.

Ich bin zutiefst überwältigt, wo ich doch zuvor meinem Leben ein Ende setzen wollte.

Ich hatte damals das Gefühl, dass ich nie wieder glücklich werde und nie damit umgehen kann, dass mein Mann uns wegen meiner Arbeitskollegin hat sitzen lassen. Und dann kamen noch die Krankheiten dazu.
Ich war immer eine starke Frau, aber meine Energie, meine Lebenslust waren verschwunden … Drei Tage und Nächte war ich auf dem Boden gelegen. Ohne zu essen, zu trinken, aufs Klo zu gehen, geschweige denn zu reden. Und dann sah ich zwischen Hunderten von Büchern eures im Regal. Und meine Lebenskraft kam zurück – unterstützt durch euer Seminar im März.
Stellt euch vor, unser Umzug war schon im April.
Ich danke euch von ganzem Herzen und meine Kinder danken euch bestimmt auch, denn sie haben ihre Mama wieder!

Dominika

Einer der wundervollen Aspekte des Wünschens ist es, dass die Lösung oft auf unerwartete Weise kommt. Die Art, wie die Wünsche in Erfüllung gehen, können wir uns nicht ausdenken.
Dies ist ja auch ganz normal. Wüsste unser Verstand bereits eine Lösung, hätte er sie uns schließlich längst angeboten. Gerade beim Wünschen öffnen wir uns aber für sogenannte Wunder.

Die positive Psychologie würde jetzt sagen, dass unser Wahrnehmungsfilter sich erweitert und unser Fokus auf die beste Lösung ausgerichtet wird.
Auf diese Weise treffen wir plötzlich neue, andere Menschen, beachten neue, andere Dinge und erfahren von Möglichkeiten, die wir niemals wahrgenommen hätten, wären wir nur vom Scheitern überzeugt gewesen.
Bleiben wir dagegen bei unseren Zweifeln, richtet sich unser Gehirn nur darauf aus, die negative Erwartung zu ermöglichen.
Und so verstehen wir auch den Satz, den Henry Ford, der große Automobilhersteller, einmal gesagt hat:

»Ob du denkst, du kannst es,
oder du kannst es nicht –
in beiden Fällen hast du recht.«

Die Frage ist also ganz einfach: Wovon bist du überzeugt? Denn alles geschieht nach deinen Überzeugungen.

Damit wir ein Gefühl dafür bekommen, dass es nicht immer nur die ganz großen Dinge sein müssen, die so wesentlich für unser Glücksgefühl sind, gleich zu Beginn auch eine ganz kleine, aber doch so große Geschichte, weil sie mich beim Lesen so glücklich gemacht hat.
Diese »kleine« Begebenheit zeigt uns ganz deutlich, dass wir – auch wenn wir noch so sehr in der Klemme sitzen – so lange wie möglich an einem positiven Ausgang festhalten sollten.

Der Butterbrezen-Wunsch

Lieber Pierre Franckh,

begeistert lese ich Ihre Bücher und fange gerade an, ein paar meiner Geschichten aufzuschreiben und ringsum die Leute damit anzustecken. Denn die Dinge, die mir immer wieder passieren, sind für viele einfach unfassbar.
Mein Butterbrezenwunsch:
Da saß ich nun, erst 27 Jahre alt, hatte bisher immer gearbeitet, gut verdient – und jetzt?
Eine alleinerziehende Mutter ohne einen Cent.
Ich saß an diesem besagten Tag im Bus, steuerte auf mein Ziel zu, ein Ziel, an dem ich nicht wusste, wie es weitergehen sollte.
Der Stolz, der einen hindert, um Hilfe zu bitten, und die Verzweiflung, die sich langsam breitmacht – jeder kennt sie, die Tiefpunkte des Lebens, an denen das positive Denken schwerfällt.
Ich war mit den Kindergarten-Einkäufen dran. Die regulären Wocheneinkäufe waren schon besorgt und bezahlt, jedoch war nun mein Geldbeutel leer. Am nächsten Tag würden sie einen Ausflug machen und benötigten dafür 20 Butterbrezen. Selbst beim Discount-Bäcker sollte mich das 20 Euro kosten.
Aber woher sollte ich dieses Geld nehmen? Traurig saß ich da, vier Stationen noch, mir schossen die Tränen in die Augen. Die Scham, zugeben zu müssen, dass ich meiner Pflicht nicht nachkommen konnte, spürte ich schon jetzt in mir.

Selbst auf dem Sparbuch war nicht genug. Sollte ich Flaschen sammeln? Betteln? Ich traute mich nicht, jemandem die Wahrheit zu sagen. Ich schickte ein Stoßgebet nach dem anderen gen Himmel. Ich schloss die Augen:

»Liebes Universum, hilf mir, ich muss die Brezen spätestens morgen früh bezahlen können.«

So ging ich zum Bäcker, immer noch den Tränen nahe. Als ich an der Reihe war, bestellte ich meine 20 Butterbrezen, Abholung um 7:30 Uhr am nächsten Tag.
Dann kam die Frage: »Zahlen Sie gleich oder morgen früh?«
Vor lauter Scham schaute ich auf den Boden – und in diesem Moment fiel mir mein Herz in die Hose. Da lag sie, die Lieferung meiner Bestellung: ein 20-Euro-Schein. Lächelnd hob ich ihn auf und richtete meinen Blick stolz auf die Verkäuferin. »Ich zahle sofort!«

Nicole

Ein kleines Wunder zeigt uns auch die folgende Geschichte. Diesmal wünscht sich die 7-jährige Nina einen WM-Ball. Und als die Mutter daran zweifelt, wird Nina ganz energisch.

Ein ganz besonderer Lederball für Nina

Lieber Pierre,

ich habe mir schon so oft vorgenommen, Ihnen meine Geschichte zu schreiben, und jetzt klappt es endlich.
Ich bin Krankenschwester. Vor ca. zwei Jahren hatte ich ein totales Burn-out. Ich wusste eine Zeit lang wirklich nicht mehr, ob ich noch mal auf die Beine komme.
In dieser schweren Zeit schenkte mir meine Mutter Ihr Buch *Erfolgreich Wünschen*, das ich sofort in zwei Tagen gelesen hatte.
Ich war auf einmal enorm motiviert, habe natürlich gleich das nächste Buch von Ihnen gelesen und in kürzester Zeit mein Leben zum Positiven umgekrempelt. Ich bin inzwischen wieder total gesund und glücklich!

Die schönste Wunschgeschichte, bei der ich immer noch Gänsehaut bekomme, war die von meiner Tochter Nina.

Ich war letztes Jahr mit Nina (7 Jahre) sehr oft im Schwimmbad gewesen. In der Zeit, in der sie nicht im Wasser herumtollte, war ihr immer wieder langweilig. Da sie auch noch nicht so richtig lesen konnte, war ich natürlich immer die Vorleserin. So fragte Sie mich auch an diesem Mittag, ob ich ihr nicht aus meinem »Erwachsenen-Buch« etwas vorlesen könnte.
Ich las gerade Ihr Buch *Wunschgeschichten für die Seele* und sagte ihr, dass sie noch gar nicht verstehen könne,

worum es in diesem Buch geht, denn sie sei dafür noch zu klein.
Meine Tochter ist ein Januarkind (Steinbock), sie weiß genau, wie sie was erreicht. Und nach ein paar Minuten hatte sie mich auch schon wieder weichgekocht, und ich war so weit, ihr aus dem Büchlein vorzulesen.
Gespannt hörte sie sich eine Geschichte nach der anderen an, bis ich sie irgendwann fragte: »Hast du verstanden, um was es geht?«

Du kannst alles bekommen und erreichen, wenn du es dir richtig wünschst und ganz fest daran glaubst.

In dem Moment sagte mir meine Tochter, als ob es das Normalste von der Welt sei: »Klar hab ich das verstanden, ich hab mir auch gerade den original Leder-WM-Ball gewünscht!« (Es war ja auch der WM-Sommer 2010!)
Daraufhin sagte ich ihr: »Das kannst du total knicken, der kostet ca. 120 Euro und du weißt genau, dass du erst im Januar Geburtstag hast, Ostern ist vorbei und bis Weihnachten dauert es auch noch ewig!«
Daraufhin sagte meine Tochter nur: »Aber ich denk, es geht alles in Erfüllung, hast du doch gesagt!«
Daraufhin sagte ich nur: »Na ja, dann bin ich mal gespannt!«, und wir gingen ins Wasser.
Als wir nach dem langen Tag im Schwimmbad endlich abends zu Hause ankamen, lief meine Tochter schon voraus und klingelte an unserer Haustür. Als ich mit den Badetaschen angewatschelt kam, hörte ich einen Riesen-

brüller von meiner Tochter: »Maaaaamaaaa, da ist er ja, mein Leder-WM-Ball!«
Ich bekam Gänsehaut. Da lag er in der Originalverpackung im Treppenhaus. Und ich bekam auch einen riesigen Schreck und rief sofort zu meinem Mann hoch, wo der Ball herkäme und für wen der sei.
Dann erzählte mir mein Mann, es wäre ein nachträgliches Geburtstagsgeschenk seines Kollegen (mein Mann hat am 16. Juli Geburtstag), und weil er so gerne mit Nina auf der Wiese kicken geht, hat er sich gedacht, wäre ein echter WM-Ball das ideale Geschenk. Und das war es auch, denn natürlich ging der Ball an unsere kleine Fußballerin Nina, die den ganzen Abend vor Freude strahlte.
Ich freue mich sehr darauf, Ihre Bücher weiterhin zu lesen, bitte machen Sie so weiter. Lieben Dank!

Diana

Hier noch ein ganz erstaunlicher Wunsch von Mareile. Ihr Wunsch nach mehr Anerkennung und Verbundenheit mit ihrem Ort manifestierte sich auf eine sehr originelle Art und Weise – und sogar unsere Bundeskanzlerin spielte dabei eine Rolle! Ein bisschen Vorarbeit in puncto Vorurteile durfte Mareile natürlich erst mal leisten, bis es so weit war …

Etwas mehr Anerkennung und Erfolg bitte!

Seit vielen Jahren bin ich als Goldschmiedin und Designerin selbstständig tätig.
Letztes Jahr im Sommer hatte ich eine Phase, in der ich etwas lustlos war und den starken Wunsch nach einer Veränderung spürte. Im Herbst verbrachte ich dann meinen Urlaub auf Sylt.
Dort vertiefte ich mich in die Bücher von Pierre und baute seine Methoden während meiner langen Spaziergänge am Meer spielerisch ein. Dabei fiel mir auf, dass ich noch mit einigen Menschen in Unfrieden war, und machte meine Übungen, um mit ihnen in Frieden zu kommen. Ich lebe im Frankenland, und ihr müsst wissen, dass man im Allgemeinen den Franken nachsagt, dass sie eher verschlossene Menschen sind. Ich teilte diese Meinung, jedenfalls generell.
Aber! Wie will ich denn in Franken erfolgreich sein, wenn ich über die Franken negativ denke? Also schrieb ich die positiven Aspekte der Franken auf und wandelte meine Gedanken ins Positive um.
Ich dachte beim Lesen der Bücher noch so nebenbei: »Ich könnte mir doch auch mal ein Wunder bestellen …« – ließ den Gedanken aber wieder los.
Am Morgen, als das »bestellte Wunder« zu mir ins Geschäft kam, wurden in unserer Straße »zufällig« alle Bäume für einen Wettbewerb in »Street Art« mit farbigen Bändern geschmückt – die Straße blühte auf.
Am späten Vormittag kam dann eine Mitarbeiterin von Radio Gong als Kundin zu mir in den Laden und fragte

mich, ob ich wisse, dass die Bundeskanzlerin heute Abend in Würzburg sei, um eine Wahlkampfrede zu halten. Sie würden ihr gerne ein ganz besonderes Gastgeschenk überreichen und dachten bei dem Auftrag an mich. Ich sollte ein Schmuckstück für sie entwerfen und anfertigen – allerdings unbedingt mit den Farben Rot/Weiß, weil das ja die typischen Farben des Frankenlandes sind.
Nach kurzem Überlegen entwarf ich ein Schmuckstück und fertigte dann die »Frankenkette« in Anlehnung an das fränkische Wappen an. Nach wenigen Stunden schon war die Kette fertig.
Noch am selben Abend wurde das Schmuckstück auf dem Marktplatz in Würzburg der Bundeskanzlerin vor vielen Tausend Menschen übergeben.
Ich konnte die Übergabe »meines« Schmuckstückes ganz nah mitverfolgen und war überglücklich, einen so besonderen Auftrag erhalten zu haben.
Während der Übergabe fragte ich mich:

»In welcher Resonanz stehe ich zur mächtigsten Politikerin der Welt?«

Ich dachte: »So mächtig, wie sie im Außen ist, so mächtig bin ich in mir. Alle Macht ist in mir. Ich selbst bin der Erschaffer meiner Realität – und das sind wir alle!«
Durch diese Geschichte bekam ich wieder mehr Mut. Ich glaubte wieder an mich und daran, dass wirklich alles in meinem Leben möglich ist, besonders, wenn ich mich mit mir und allem in Einheit fühle.

Und zum guten Schluss: Am nächsten Morgen hörte ich meinen Anrufbeantworter ab: Ein Herr Franke (!) möchte gerne bei mir einen Ring bestellen – mit der Außengravur »Glück«!

Mareile

Mareile hat uns mit ihrer Geschichte noch einen ganz wichtigen Hinweis für das erfolgreiche Wünschen mitgegeben:
Sobald wir unsere inneren Blockaden und Denkmuster transformieren, verändert sich unsere Sichtweise auf unser Umfeld – und, nach dem Gesetz der Resonanz, verändert das Umfeld dann auch sein Verhalten uns gegenüber.

Zu alt? Keiner will dich mehr? Von diesen und anderen Begrenzungen

Wer kennt den Satz: »Dafür bin ich schon zu alt« nicht? Aber auch dies ist nur eine der vielen Überzeugungen, nach der sich unser Erleben ausrichtet. Zu alt? Wofür?
So begann ein 72-jähriger Mann nach einem meiner Vortragsabende noch einen Tanzkurs zu machen, weil er sich das immer so gewünscht hatte, und lernte dort seine jetzige Partnerin kennen. Ein 68-jähriger Mann begann nach einem *Erfolgreich Wünschen*-Wochenendseminar zu malen und macht heute mit 73 Jahren Vernissagen und verkauft seine Bilder sehr erfolgreich.

**Jeden Tag, den wir leben, lohnt es sich,
seine Träume zu verwirklichen.
Erst dann haben wir wirklich gelebt.**

Wer weiß, wie lange wir tatsächlich leben werden? Meine Mutter ist nun 91 Jahre alt. Ist man mit 60 bereits zu alt, um etwas Neues zu tun? Oder mit 80?
Ist nicht jeder Tag es wert, gelebt zu werden?
Meine Mutter unternahm mit 65 Jahren einen Flug im Fesselballon. Mit 69 machte sie eine Safari in Afrika in einem alten, klapprigen Jeep und übernachtete in einem Zelt. Und mit 70 Jahren flog sie zum ersten Mal mit einem Gleitflugdrachen.

Michaelas Vater begann mit 65 Jahren Jura zu studieren und ist nun – neben seiner Tätigkeit als Musikproduzent – auch Rechtsanwalt. Dieser Beruf war seit Anbeginn sein Traumberuf gewesen. Also: Wann ist man »zu alt«, um seine Träume zu verwirklichen?

Höre nicht auf das, was andere sagen.
Lass dich nicht begrenzen, nur weil andere sich begrenzen.

Und wann ist man bereits zu alt, um einen neuen Job zu finden?
Die Antwort ist ganz einfach: Das hängt davon ab, wovon wir überzeugt sind und welche Lösungen wir für uns zulassen.
Kann man mit 58 Jahren noch einen gut bezahlten Job bekommen? Oder mit 45 Jahren noch ein Stipendium für einen Platz an der Universität?
Lassen wir doch einfach Gabriela und Beate ihre Geschichten erzählen.

Wie ein Mann sich mit 58 Jahren einen neuen Job wünschte

Liebe Michaela, lieber Pierre,

nun sind wir seit ein paar Jahren wieder zurück in Deutschland und wir haben nicht aufgehört, uns bestimmte Dinge zu wünschen. Bei unserer Rückkehr war es natürlich in erster Linie die Arbeitsstelle für meinen

Mann. Mit 58 Jahren ist das natürlich so gut wie unmöglich. Trotz allem haben wir unseren Wunsch nicht aufgegeben. Und wir wurden belohnt.
Nach einer Zeit der Arbeitslosigkeit bekam mein Mann letztes Jahr vom Amt die Einladung zu einer Schulung. Dort war er in seinem Alter der beste »Schüler«.
Mit dieser Schulung war ein Praktikum verbunden und es wurde in Aussicht gestellt, danach eventuell übernommen zu werden. Allerdings hörten wir schon, dass viele Firmen nur Praktikanten nehmen, weil sie kostenlose Arbeitskräfte sind. Und danach tatsächlich niemand übernommen wurde, sondern immer wieder neue Praktikanten für jeweils drei Monate kamen.

Trotzdem wünschten wir uns weiterhin inständig einen gut bezahlten Job für meinen Mann.

Auch wenn es im Alter von 58 Jahren fast unmöglich schien.
Aber eben nur fast unmöglich! Denn unser Wunsch hat sich realisiert. Mein Mann bekam von allen Praktikanten die angenehmste Stelle. Er war sogar der Erste, der übernommen wurde. Und das auch noch mit einem richtig guten Gehalt.
Wir sind total glücklich. Unser Wunsch hatte sich erfüllt.

Gabriela

Und hier gleich noch das zweite Wunder. Ein Stipendium zu bekommen ist für viele bereits unerreichbar. Wie muss das erst für jemanden sein, der bereits 45 Jahre alt ist?

Wie Beate sich mit 45 Jahren ein Stipendium wünschte

Hallo Pierre!

Ich habe dein Buch *Wünsch es dir – aber richtig* gelesen und habe mir gedacht: »Nun ja, einen Wunsch aufzuschreiben, zu datieren und dann einfach ab und an laut zu zitieren, kostet mich keinen Cent.« So schrieb ich im Januar 2013 also meinen Wunsch auf einen Zettel:

Mein Studium ist bereits bezahlt.

Ich bin Jahrgang 1969 und habe im Herbst 2012 an der FernUni Hagen Bildungswissenschaft zu studieren begonnen. Just in dieser Zeit ist mein Ehemann arbeitslos geworden und ich wusste nicht mehr, ob ich weiterstudieren kann, da ja jedes Skript 160 Euro kostet plus die Semestergebühr von 82 Euro. Woher nehmen, wenn nicht stehlen?
Und als ich im März 2013 zu einer Mitstudentin sagte, dass ich gar kein Stipendium bekommen kann, weil ich zu alt bin, sagte sie mir, ich solle doch bei der Landesregierung in Bregenz anrufen, es gäbe auch andere Stipendien als die aus Innsbruck. Ich hab ihr gesagt, anrufen werde ich nicht, aber ich schau mal auf der Homepage nach.

Und da fand ich die Dr. Otto-Ender-Studienstiftung. Ich stellte fest, dass ich die Rahmenbedingungen erfüllte, und stellte online meinen Antrag. Ein paar Tage später erhielt ich via Mail eine Nachricht, dass sie noch einige Daten und Belege benötigen würden.
Dann hörte ich nichts mehr und dachte mir: »Nächste Woche schreib ich mal eine Mail.« Anfang April 2013 ging ich zum Briefkasten und erhielt einen Brief mit der Bestätigung, dass ich in den nächsten Tagen von der Dr. Otto-Ender-Studienstiftung ein Stipendium in Höhe von 2000 Euro erhalten werde (übrigens die Höchstsumme, die sie pro Jahr auszahlen).
Wenige Tage später hatte ich die ganze Summe auf dem Konto. Somit ist mein Studium zur Gänze bezahlt!

Ich hab echt nicht geglaubt, dass das Universum so viele Wege findet, um zu helfen. Aber ich habe es erlebt.

Dafür vielen Dank, denn mit dem Studium plane ich meinen Wiedereinstieg in den Beruf. Ich bin nämlich seit 1999 Hausfrau und Mutter und wollte mir mit einer aktuellen Berufsausbildung den Weg zurück auf den Arbeitsmarkt erleichtern.

Beate

Wenn Wünsche ein Gänsehautfeeling erzeugen

Wenn wir wünschen, dann geschehen manchmal Dinge, die uns tief berühren. Gerne sprechen wir dann vom »Gänsehautfeeling« und halten die wundervollen Lösungen des Universums für wahre Wunder. Dabei haben wir nur darauf vertraut, dass die beste Lösung geliefert werden wird. Wir haben genau genommen unseren Glauben für uns arbeiten lassen. Wir haben zielorientierte gedankliche Energie ausgeschickt, und diese hat, nach dem Gesetz der Resonanz, nach gleich schwingenden Feldern gesucht.
Und siehe da: Das Wunder hat eine Ursache. Und diese Ursache ist in unserem eigenen Glauben und unserer eigenen mentalen Kraft zu finden.
Vielleicht hast du ja Lust, auch einmal ein paar solcher Wunder in deinem Leben geschehen zu lassen.
Gisela hat auf diese Weise jedenfalls für echte Gänsehaut gesorgt.

Wie das Resonanzfeld zwei Menschen zusammenführt

Lieber Pierre,

mir ist vor ein paar Wochen etwas Wunderbares passiert. Ich muss als Vorgeschichte dazu sagen, dass ich vor neun Jahren geschieden wurde und sich damals meine ganze Familie von mir abgewandt hatte.

Mir ging es noch recht gut mit dieser Situation, ich baute mir meine neue kleine Welt auf, mit meinen beiden Töchtern (damals 11 und 13 Jahre), neuen Freunden und ohne meine Familie.
Vor ein paar Monaten aber spürte ich doch eine gewisse Einsamkeit. Meine beste Freundin hatte berufsbedingt sehr wenig Zeit für mich, und ich dachte immer öfter, dass es schön wäre, noch mehr vertraute Menschen in meinem Leben zu haben.

Ich dachte sehr intensiv daran. Immer und immer wieder. Da geschah das Wunder.

Vor vier Wochen, an einem Samstag, war dieses Gefühl, dass mir die Decke auf den Kopf fällt, ganz stark. Also rief ich meine Freundin an und fragte sie, ob wir etwas unternehmen könnten.
Sie sagte, dass sie ihrem Ziehsohn versprochen hatte, mit ihm ins Kino zu gehen. *Harry Potter* sollte es sein. Den hatten wir beide schon gesehen. Ich hatte zwar wenig Lust, den Film ein zweites Mal zu sehen, aber ich ging trotzdem mit.
Das Kino war fast leer, umso mehr wunderte ich mich, als ein junges Mädchen vor meinem Platz stand und durchgehen wollte. Sie hätte sich ja einen anderen Platz aussuchen können, statt sich bei uns durchzuquetschen. Ich fragte sie, ob sie durchgehen möchte, und sie bejahte meine Frage. Sie warte noch auf ihre Mutter, fügte sie hinzu. Schließlich kam ihre Mutter und entschuldigte sich bei mir für die Störung.

Mir blieb die Spucke weg: Diese Frau war niemand anderes als meine Schwester, die ich vor zehn Jahren das letzte Mal gesehen hatte. Wir saßen nebeneinander, obwohl das Kino fast leer war.

Wir haben uns dann bis Sonntagmorgen um vier Uhr unterhalten. Sie erzählte mir, dass sie eigentlich schon einen Tag vorher ins Kino wollte, es sich aber anders überlegt hatte. Sie erzählte mir auch von den schweren Schicksalsschlägen, die sie mit ihrer Tochter bewältigen musste, und dass sie öfter vor meiner Tür gestanden hatte, aber nicht den Mut hatte anzuschellen.

Alles um sie herum muss kohlrabenschwarz gewesen sein und ich fragte sie, wie sie diese Zeit durchgestanden hätte. Sie hatten alles verloren und konnten auch die Miete nicht mehr zahlen. Um dem tyrannischen Vermieter nicht in die Arme zu laufen, hielten sich die beiden bei Eiseskälte den ganzen Tag draußen auf und schlichen sich nachts ins Haus. Tag für Tag, Monat für Monat. Sie wurde krank und niemand fühlte sich dafür zuständig, weder die Krankenkasse noch jemand anderer.

Für mich war es unbegreiflich, dass die beiden dabei ihren Optimismus nicht verloren hatten. Da erzählte meine Schwester mir von deinen Büchern und dass die beiden sich daran geklammert haben und es ihnen so viel Mut gemacht hat, dass sie, auch wenn der Magen geknurrt hat, nicht den Humor verloren haben.

Ich möchte dir von ganzem Herzen danken, dass du meiner Schwester und meiner 13-jährigen Nichte so geholfen hast. Ohne dich wären sie vielleicht nicht mehr.

Ich danke dem lieben Gott, dass es dich gibt, lieber Pierre. Den beiden geht's von Tag zu Tag besser, und ihre Wünsche erfüllen sich.
Tausend Dank.

Gisela

Und weiter geht's mit den unmöglichen Möglichkeiten, die durch das Wünschen auf so einfache Weise möglich werden.
Wie bei Stephanie, die sich wünschte, dass endlich gleich denkende Menschen in ihrer Umgebung sind.

Wie sich Stephanie Freunde fürs Herz wünschte

Lieber Pierre,

wie sehr ich all deine Bücher liebe, muss ich wohl erst gar nicht erwähnen, schließlich würde ich dir sonst nicht schreiben.
In meinem Leben hat sich – wie bei deinen anderen Lesern wohl auch – so viel getan, seit ich dein erstes Wunsch-Buch in den Händen hielt.
Heute möchte ich mich bei dir mit meiner Wunscherfüllungsgeschichte bedanken, weil mir hier nochmals die Augen geöffnet wurden, dass es wirklich keine Grenzen beim Wünschen gibt!
Wir sind erst letztes Jahr von München nach Wolnzach gezogen und haben uns hier gleich wohlgefühlt. Die Kinder haben in der Nachbarschaft Spielkameraden im glei-

chen Alter, die Mütter sind auch sehr nett und wir sind mittlerweile alle befreundet.
Aber irgendwie fehlte mir noch eine »Freundin fürs Herz«, mit der ich auch mal über andere Dinge als Kinder usw. reden kann, mit der ich mich auch mal über das Wünschen oder das Resonanzgesetz austauschen kann, über Dinge, die passieren und die eben nicht zufällig sind.

Also begann ich zu wünschen.

Kurz darauf zog ins Haus gegenüber tatsächlich eine neue Familie ein.
Sie sind innerhalb Wolnzachs umgezogen und hatten immer mal wieder nach einem neuen Domizil Ausschau gehalten (auch unser Haus war darunter – bevor wir einzogen, versteht sich). Aber ihnen hatte, wie Markus später sagte, die Atmosphäre in unserer Straße überhaupt nicht gefallen. Und nun zogen sie doch hierher! Ich sah diese Menschen und habe sie gleich geliebt. Komisch, das so zu schreiben, denn eigentlich müssten sie Fremde sein, aber so war es nun mal.
Was soll ich sagen? Anja, Markus und Manuel, ihr Sohn, sind begeisterte *Wünscher*, haben nicht nur deine Bücher und Affirmationskarten und, und, und, sondern waren auch schon auf vielen deiner Seminare und – lieber Pierre, halt dich fest – Markus ist sogar *Erfolgreich Wünschen*-Coach. Manchmal macht mir all das doch ein bisschen Angst (grins).
Markus sagt übrigens, sie hätten schließlich jetzt erst in unsere Straße ziehen können, weil erst wir in unser Haus

ziehen mussten, damit für sie die Energie und Schwingung hier stimmen. Ist das nicht ein schöner Gedanke?! Vielen, vielen Dank für alles. Michaela und du, Ihr habt mein Leben nachhaltig verändert!

Stephanie

Wenn wir Kinder haben, dann sind wir natürlich übervoll mit guten Wünschen für sie. Wollen wir den Wünschen noch mehr Kraft verleihen, dann ist es am besten, mit den Kindern gemeinsam zu wünschen.

Wie eine Mutter mit ihrer Tochter die richtige Schule wünschte

Lieber Pierre,

ich war wegen einer Bauchoperation im Krankenhaus, und meine Schwester lieh mir Ihre Bücher aus.
Ich kenne das Wünschen an das Universum schon, und die Sache mit der Parkplatzsuche klappt bei mir bereits zu 90 Prozent.
Ich hätte auch viele Wunschgeschichten zu erzählen, aber eine ist mir besonders wichtig.
Meine Tochter Vanessa hatte nach ihrem Realschulabschluss, trotz guter Noten, keinen Ausbildungsplatz gefunden. Da entschied sie sich, auf eine Sprachenschule zu gehen und dort die Fachhochschulreife zu machen. So weit, so gut! Das war die einzige Option, die sie für sich ausgesucht hatte!

Wir bekamen von dieser Schule eine Einladung zur Aufnahmefeier, mussten aber erfahren, dass erst an diesem Tag entschieden wird, wer aufgenommen wird.
Es kamen an diesem Tag 120 Schüler! Nur 25 sollten in diese Schule gehen dürfen! Davon nur drei Realschüler. Meine Vanessa war überzeugt, das schafft sie nie! Da musste ich ihr einfach helfen! Ständig sagte ich zu ihr: »Du schaffst es! Die nehmen dich!« Ich habe es mir für meine Tochter so sehr gewünscht, dass ich den Tränen nahe war.

Wie ein Mantra sprach ich in Gedanken immer vor mich hin: »Vanessa geht in diese Schule, Vanessa geht in diese Schule.«

Mein Herz raste, ich war aufgeregt. Die Namen der Schüler, die es geschafft hatten, wurden nach zwei Stunden in alphabetischer Reihenfolge aufgerufen. Unser Nachname beginnt mit R. Als die R-Namen an der Reihe waren, konnte ich kaum noch atmen, so intensiv dachte ich an meinen Wunsch für Vanessa. Doch sie wurde nicht aufgerufen.
Aber irgendwie konnte ich nicht aufhören zu wünschen. Und tatsächlich, am Schluss meinte der Lehrer vorne am Pult, er hätte einen Namen vergessen. Es war Vanessas Name! Diese Schule war für sie das Beste, was ihr passieren konnte. Sie machte die Fachhochschulreife mit Belobigung und hat heute einen tollen Ausbildungsplatz, an dem sie sich sehr wohlfühlt.
Danke, Universum, danke, Pierre!

Uschi

Gänsehaut bekommen wir meist dann, wenn sich Wünsche erfüllen, die normalerweise nicht funktionieren können. Die folgende Geschichte ist so ein Beispiel, das sehr gut zeigt, dass wir mit unserer mentalen Kraft mehr erreichen können, als wir manchmal ahnen.

Wie Elsbeth durch mentale Kraft eine 7 als Hausnummer haben wollte

Lieber Pierre,

es wird Zeit, dass ich mich bei dir sehr herzlich bedanke, für deine tollen Bücher, die ich mit Begeisterung lese! Auch ich möchte dir meine persönliche Wunsch-Geschichte erzählen.
Solange ich denken kann, ist die Zahl 7 meine absolute Glückszahl. Bis ich erwachsen war, wohnte ich immer in einem Haus mit dieser Nummer. Dann, 1985, beschlossen mein Mann und ich ein Haus zu bauen, nicht weit entfernt vom alten Wohnort. Kurz vor dem Einzug wurde die Hausnummer montiert, und mich traf fast der Schlag: Wir bekamen eine 422!
Ich sagte meinem Mann, dass ich mit dieser Nummer nicht einverstanden bin und meine 7 haben wolle! Er verstand die Welt nicht mehr und sagte zu mir: »Wie willst du denn das anstellen?«
Ehrlich gesagt, wusste ich es auch nicht, ich sagte zu ihm: »Keine Ahnung, aber ich werde sie bekommen, da kannst du Gift drauf nehmen!«

Ich legte mir ein Nummernprogramm zurecht. Und jedes Mal, wenn ich von zu Hause wegging und wieder zurückkam, schaute ich die 422 an – und stellte mir vor, dass es eine 7 ist!

Mein Mann schmunzelte immer mal wieder und sagte mir, ich solle meine Träume begraben, doch dies war nicht das Thema für mich. Es war mir egal, wie lange es dauert, ich wusste, dass ich ans Ziel komme, aber noch nicht, wie …

Im November flatterte ein Brief von unserer Gemeinde ins Haus, in dem stand, dass im nächsten Frühling die Telefonnummern von sechs auf sieben Zahlen wechseln werden, und alle Häuser, die große Hausnummern haben, eine neue Nummer kriegen.
Ich war außer mir vor Freude: Das war's, juhhhhuuu!
Mein Mann meinte, ich solle mich mal nicht zu früh freuen, es stünde ja nirgends, dass ausgerechnet wir die 7 bekommen.
Ich rief: »Das ist mir wurscht, ich weiß, dass es so ist!«
Im Februar kam dann eine Meldung der Gemeinde mit der neuen Telefonnummer, und was las ich da? »Gleichzeitig möchten wir Ihnen Ihre neue Hausnummer bekannt geben …«, es war eine 7, schwarz auf weiß!

Mein Mann verstand die Welt nicht mehr und hat seitdem schon oft zu mir gesagt: »Dir traue ich alles zu!«

Siehst du, Pierre, wichtig ist, dass man dranbleibt und dass man dran glaubt, es ist einfach toll!

Elsbeth

Unmöglich ist nur das, was wir für unmöglich halten. Denn die einzigen Begrenzungen, die für uns gültig sind, liegen in unserem Kopf.
Wir sagen gerne über so manche Wünsche: »Das geht nicht.« Ja, dann stimmt das auch. Denn alles geschieht nach unserem Glauben. Denken wir, dass etwas nicht ginge, dann bekommen wir mit Sicherheit recht. Dann geht es auch bestimmt nicht. Aber nicht generell. Sondern es geht nur für dich nicht.
Für denjenigen, der an die Erfüllung glaubt, auch wenn er in diesem Moment keine Lösungen parat hat, für den können die *Wunder* stattfinden. Für Nina geschah so ein Wunder.

Ein Leben gerettet

Lieber Pierre,

auch ich muss heute unbedingt mein Erlebnis loswerden und es dir schreiben:
Meine Schwester hat mich heute Abend um 19:30 Uhr angerufen und erzählt, dass eine kleine Babyziege, die gestern geboren wurde, verschwunden sei.
Ich bin dann mit meinem Mann, meiner Schwester, meinem Schwager und meinem Vater mit Taschenlampen aus-

gerüstet rüber zu ihr und wir haben das ganze Grundstück im Dunkeln abgesucht, ca. 1000 Quadratmeter Land mit Wald. Die Erfolgsaussichten waren mehr als schlecht!

Ich habe dann meinen Wunsch ans Universum geschickt, dass es mir helfen soll, das kleine Wesen zu finden.

Nach zwei Stunden in Schnee und Kälte – nichts! Wir sind dann wieder ins Haus und haben erst mal mit den Kindern gegessen. Danach wollten wir weitersuchen, obwohl mein Schwager der Ansicht war, dass die Chancen schlecht stünden, das Tier im Dunkeln und bei der Kälte überhaupt noch lebend zu finden.
Meine Schwester aber sagte: »Bitte, Nina, wünsch es dir, du kannst das doch.«
Ich habe dann meine Freundin Rosi angerufen (mit der ich auch auf einem deiner Seminare war) und sie um Hilfe gebeten. Ich bat sie, mich bei dem Wunsch zu unterstützen, die kleine Ziege zu finden.
Ich hatte dann nach weiteren zwei Stunden im festen Glauben, die Ziege zu finden, einen Weg eingeschlagen, wo im Schnee schon Fußstapfen waren. Meine Schwester meinte noch: »Du, da waren dein Mann und unser Vater schon.« Ich hatte aber das Gefühl, ich müsste dort noch mal langgehen und alles absuchen.
Und auf einmal hatte ich das Gefühl, als ob jemand sagt: »Leuchte mit der Lampe auf den Boden zwischen den Bäumen.« Das tat ich auch, aber ich konnte nichts sehen und bin weitergegangen. Dann war es wieder so,

als ob jemand sagt: »Nein, nicht da, geh an die Stelle und leuchte auf den Boden!«
Ich also wieder zurück an die besagte Stelle und wieder zwischen die Bäume geleuchtet – nichts!
Dann hatte ich wieder dieses Gefühl, als ob jemand sagt: »Mensch Mädel, nun guck doch richtig.« Ich habe dann zwischen die Baumwurzeln geleuchtet – und was soll ich dir sagen: Zwischen den Baumwurzeln, ganz eingequetscht, sah ich die kleine Ziege! Mir ist vor Schreck fast die Taschenlampe aus der Hand gefallen. Ich habe dann laut durch den Wald zu den anderen gerufen, dass ich sie gefunden habe.
Ich bin überglücklich, dass wir nach dieser langen Zeit die gerade mal 24 Stunden alte Ziege gesund und munter gefunden haben. Auch ihre Mama ist überglücklich.
Ich musste dir dieses Erlebnis einfach schreiben, weil ich so glücklich bin, dass mir das Universum geholfen hat, und ich bin dankbar dafür.
Ich denke, das kann auch vielen zeigen, dass der Glaube Berge versetzen kann. Auch in scheinbar aussichtslosen Situationen muss man nur fest glauben, und das Universum hilft einem.
Ich danke dir, dass du mir mit deinen Büchern, die ich immer wieder lese und aus denen ich vieles anwende, geholfen hast, meinen Glauben nicht zu verlieren und daran festzuhalten.

Nina

Liebe und Familie

Kann man sich auch den idealen Partner wünschen?

Wir alle sehnen uns nach einem Menschen, der an unserer Seite steht und mit uns durch dick und dünn geht. Jemanden, auf den wir uns verlassen können.

Natürlich ist dies nicht immer so leicht. Schon gar nicht, wenn wir in vergangenen Partnerschaften Verletzungen erfahren haben und wir nun nicht mehr so wirklich offen und bereit sind, uns erneut auf einen anderen Menschen einzulassen.

Wieder offen und bereit für eine liebevolle Partnerschaft zu sein, ist allerdings die Grundvoraussetzung, damit sich unser Wunsch erfüllt. Ansonsten senden wir zwar unseren Wunsch nach einem Partner aus, verschließen uns aber gleichzeitig für alle möglichen Angebote, die von nun an auf uns zukommen werden.

Bevor wir wünschen, sollten wir uns daher wieder ganz klar für die Liebe öffnen. Höre also in dich hinein. Bist du wirklich bereit? Wagst du erneut den Sprung ins Leben und in die Liebe?

Hier zur Ermutigung gleich ein paar wundervolle Geschichten, die zeigen, wie Menschen durch das Wünschen zueinander gefunden haben.

Beginnen möchte ich mit Judith und Ümüt, die Teilnehmer eines Wochenendseminars von uns waren. Beide wünschten sich unabhängig voneinander den einen wundervollen Seelenpartner. Und standen dann im Seminar plötzlich voreinander.

Erstaunlich ist auch der Zeitpunkt, der eine ganz besondere Energie hatte.

Wenn Seelenpartner sich finden

Hallo Pierre und Michaela,

unsere Geschichte begann am 17. März 2013 auf eurem Seminar in Berlin. Wir wünschten uns unabhängig voneinander und schon sehr lange eine wundervolle, erfüllte, glückliche und dauerhafte Seelenpartnerschaft.
Und vor einem Jahr war es dann so weit. Wir lernten uns auf eurem Seminar kennen. Als wir am zweiten Tag bei einer Gruppenübung in Kontakt kamen, spürte ich sofort eine besondere Anziehung und Vertrautheit zwischen uns. Wir redeten und lachten viel und wollten nicht mehr voneinander weichen. Wir machten jede Gruppenübung miteinander. Als das Seminar vorbei war und wir die Letzten im Saal waren (keiner von uns wollte einfach so gehen), tauschten wir unsere Telefonnummern aus und verabschiedeten uns mit einer innigen Umarmung, von der wir uns nicht mehr lösen wollten.
Diese erste Umarmung hat ein so lebendiges Gefühl in meiner Brust ausgelöst, wie ich es zuvor noch nie erlebt habe. Ich war danach total beflügelt und glücklich.
Ein paar Tage darauf begannen wir zu telefonieren. Wir unterhielten uns viele Abende lang über mehrere Stunden. Ohne es ansprechen zu müssen war uns klar, dass wir Seelenpartner sind. Seither genießen wir jeden Augenblick, den wir miteinander verbringen können.

Es ist nicht in Worte zu fassen wie harmonisch unsere Verbindung ist.

**Man muss so etwas erlebt haben,
um zu verstehen, wie besonders,
groß und wertvoll es ist, mit seinem
Seelenpartner vereint zu sein.**

Wir danken Gott jeden Morgen und Abend für dieses große Geschenk.
Nicht nur, dass wir uns auf eurem Seminar finden durften, sondern auch das Datum und die Zeit unseres Kennenlernens war etwas ganz Besonderes: Es war der 17. März um ca. 17:15 Uhr, als wir uns umarmten – genau die Turbowunschzeit aus deinem Wunsch-Kalender. Danke, Pierre und Michaela, für die neuen Erkenntnisse und die wertvolle Erfahrung auf eurem Seminar.

Ümüt und Judith

Von so einem Glück erzählt auch die folgende Geschichte. Clara schlief jeden Abend mit den passenden Affirmationen ein, bis der passende Mann sie urplötzlich in den Arm nahm.

Mein Traummann ist schon in meinem Leben

Guten Abend Herr Franckh,

gerne erzähle ich Ihnen meine Wunsch-Geschichte über meinen Traummann.
Angefangen hat alles vor ein paar Jahren, als meine Welt und meine Lebensträume gerade zerbrochen waren. Ich sage darüber jetzt immer: Ich machte mich auf den Weg. Mir fiel Ihr erstes Buch in die Hand und es folgten alle anderen. Vieles verstand ich am Anfang nicht, las viel, beschäftigte mich mit mir und liebte mich zum ersten Mal selbst, befasste mich immer mehr mit der Kraft der Gedanken, Energie usw.
Nachdem ich ca. zwei Jahre allein mit meinen Kindern lebte, fing ich an, Freude an meinem Single-Dasein zu entwickeln. Ich hatte wieder Boden unter den Füßen, es ging mir mit mir sehr gut und ich konnte auch allein glücklich sein. Und doch, für immer allein sein, so ohne Partner, wollte ich nicht.
Also habe ich mir Ihre Affirmation genommen, die für den Traummann, und habe noch einiges zugefügt.

Jeden Abend, bevor ich einschlief, stellte ich mir vor, dass dieser Traummann schon in meinem Leben ist.

Der Sommer kam, ich ging tanzen, traf mich mit Freunden und ließ es mir gut gehen. Im Juli fuhr ich zu meiner Freundin an die Ostsee. Wir wollten uns das große

Feuerwerk mit Musik und Laser ansehen, und so gingen wir gut gelaunt auf die Promenade, wo mittlerweile ca. 50 000 Menschen versammelt waren. Wir trafen noch andere Bekannte und ich unterhielt mich etwa zwei Stunden mit anderen Männern und Frauen.

So ca. eine Viertelstunde bevor das Feuerwerk losging, drehte ich mich um – ich weiß bis heute nicht, warum – und sah in zwei Augen, die mich bis ins Herz trafen. Ich guckte diesen Mann also an und hörte mich sagen: »Das Feuerwerk fängt gleich an und es ist so romantisch. Ich möchte nicht allein hier stehen. Könntest du mich für eine halbe Stunde in den Arm nehmen?«

Kaum hatte ich das gesagt, wäre ich auch schon am liebsten im Erdboden versunken und weggelaufen.

Und was sagt dieser Mann? »Gern nehme ich dich in den Arm!« Und schon stellte er sich hinter mich und umfasste mich. Ich habe mich in meinem ganzen Leben noch nicht so wohlgefühlt. Es war so, als ob es schon immer so war. Und was soll ich sagen, nach einer Weile küssten wir uns. Für mich erstrahlte die Welt, ich habe niemanden mehr gesehen und wie das Feuerwerk war, weiß ich bis heute nicht.

Nach dem Feuerwerk sagte ich ganz cool: »Jetzt kannst du mich wieder loslassen.« Ich musste erst mal aus der Situation und meine Gefühle ordnen.

Dann bin ich mit meiner Freundin tanzen gegangen, und nach einer Weile kommt er in die Bar, sieht mich, küsst mich und geht wieder.

Ich muss dazu sagen, dass wir beide am nächsten Tag zu einer Gartenparty eingeladen waren, und so wusste ich,

er geht mir nicht verloren. Gesprochen hatten wir bis dahin nicht viel.
Am nächsten Tag kam er zu dieser Gartenparty und küsste mich wieder, setzt sich neben mich und sagt: »Es gibt nur ein Problem: 500 Kilometer.« Ich höre mich sagen: »Das macht nichts.«
Dann haben wir geredet und geredet, und er ist dann ein paar Tage geblieben. Seit diesem Tag sind wir ein Paar und pendeln 500 Kilometer hin und her.
Wir verstehen uns, Harmonie pur, das Umfeld stimmt, er hat so nette Freunde, sein Lebensstil ist genau wie meiner und was das Wichtigste für mich ist: Ich bin für ihn etwas ganz Besonderes, und das lässt er mich auch wissen. Er füllt meinen Liebestopf jeden Tag aufs Neue. Ich führe mit ihm eine Partnerschaft auf Augenhöhe und wir respektieren uns sehr. Ich lasse ihn, wie er ist, und er mich auch. Ich liebe ihn so wie am ersten Tag. Es passt einfach, dann gibt es auch kein Gezerre!
Das ist genau der Mann, den ich bestellt habe.
Vielen Dank für Ihre Bücher!

Clara

Je genauer und detaillierter unsere Ziele für uns sind, je präziser wir uns unseren künftigen Partner vorstellen und in unserem Leben haben wollen, desto genauer kann das Gesetz der Resonanz reagieren.
Viele Menschen sagen einfach: »Ich wünsche mir einen Partner, der zu mir passt und mich glücklich macht.« Ja, aber welcher Partner passt denn zu dir?

Oftmals äußern wir diesen Wunsch deswegen so vage, weil wir eigentlich keine Ahnung haben, welchen Partner wir uns genau wünschen sollen, also welche Eigenschaften er eigentlich mitbringen soll. Aber in welche Richtung soll sich denn dann der Wahrnehmungsfilter öffnen? Es ist also sehr wesentlich, beim Wünschen so genau wie möglich zu sein. Einerseits lernen wir uns dabei besser kennen und erfahren, welche Form von Partnerschaft wir gerne leben wollen, andererseits senden wir ganz konkrete Signale in die Umwelt.

Auch in unserer nächsten Geschichte wusste Anna ganz genau, was sie wollte – und es wurde eine lange, lange Liste.
Und? Sie bekam jedes einzelne Detail.

Traummann exakt gewünscht

Hallo Pierre,

ich möchte dir gern meine Geschichte erzählen.
Von einem Bekannten habe ich vor drei Jahren dein Buch *Erfolgreich Wünschen* empfohlen bekommen. Ich hatte damals gerade meine Ausbildung zur Bankkauffrau beendet und wünschte mir zunächst, dass ich übernommen und sogar einen bestimmten Job in der Bank bekommen werde. Etwa einen Monat später hatte ich ein Gespräch mit dem Vorstand: Ich wurde übernommen und in der Abteilung, in die ich wollte, wurde gerade eine Stelle frei. Ich war erstaunt, dass es so einfach geht.

Dann kam der Wunsch, der mein Leben veränderte. Nachdem ich erfolgreich im Beruf war, bekam ich wie gewünscht ein Baby. Aber dies rettete unsere Ehe nicht. Im Gegenteil, es wurde immer schlimmer. Schließlich ging unsere Ehe in die Brüche. Ich war am Tiefpunkt meines Lebens und wusste nicht, wie es weitergehen soll.
Dann bin ich wieder auf dein Buch gestoßen. Und was ich mir am allermeisten wünschte, war eine glückliche Familie. Dazu brauchte ich zunächst einen Mann. Also habe ich mir eines Abends meinen perfekten Partner vorgestellt.
Das Aussehen war mir eigentlich unwichtig, trotzdem:

Ich wünschte mir, dass er 1,82 Meter groß, schlank und dunkelhaarig sein soll.

Er muss kein Schönling sein, Hauptsache, ich finde ihn sympathisch. Er sollte fünf Jahre älter sein als ich und am 17. Februar Geburtstag haben – wie der Freund meiner Schwester. Da ich in Russland geboren wurde, war es mir wichtig, dass er dieselben Wurzeln hatte wie ich. Er sollte aber schon länger als ich in Deutschland leben und integriert sein. Da ich selbst nicht rauche, habe ich mir einen Nichtraucher gewünscht. Ich wünschte mir, dass wir uns von ganzem Herzen lieben, so wie wir sind, und er soll meinen Sohn akzeptieren. Auch wünschte ich mir, dass ich von seinen Eltern aufgenommen werde und dass diese meinen Eltern ähneln. Mir war es wichtig, dass wir vom Charakter ähnlich, also auf derselben Wellenlänge, sind. Denn ich möchte mich nicht oft mit ihm streiten müssen.

Auch an das Finanzielle habe ich gedacht. Mir war es nicht wichtig, dass er reich ist oder bereits ein Eigenheim besitzt. Lieber würde ich mit ihm zusammen ein Heim aussuchen und einrichten. Aber er sollte dieselbe Einstellung zu Geld haben, also sparsam sein und mehr verdienen, als ich bisher verdient habe. Ich habe noch viele andere Wünsche zu meinem Traummann geäußert, es wird nur sehr viel sein, wenn ich alles aufschreibe. Ach ja, schließlich habe ich mir noch einen bestimmten Namen ausgesucht, damit er mich schneller finden kann.
Nun ja, nach dem Wünschen bin ich eingeschlafen und habe dann nicht mehr daran gedacht.
Etwa einen Monat später habe ich ihn zufällig im Internet kennengelernt. Eine weitere Woche später haben wir uns getroffen. Erst beim Date habe ich mich wieder an meinen Wunsch erinnert, denn alles, wirklich alles schien übereinzustimmen!

Er hieß genau so, wie ich es mir wünschte, sein Äußeres, seine Körpergröße, alles auf den Zentimeter genau. Er ist fünf Jahre älter als ich und hat am 17. Februar Geburtstag.

Unglaublich finde ich auch, dass seine Familie meiner ähnelt, nur anders, als ich es mir eigentlich vorgestellt habe. Seine Eltern heißen genau gleich wie meine (und es sind keine gewöhnlichen Namen). Auch er hat eine jüngere Schwester und selbst die hat denselben Namen! Ich denke, ich hätte es genauer definieren sollen, denn eigentlich wollte ich, dass unsere Familien von der Mentalität

her ähnlich sind. Ansonsten stimmen alle Details genau überein.
Es ist wirklich unglaublich! Wie kann so etwas funktionieren? Es kommt mir vor, als hätte ich diese Person mit meinem Wunsch erschaffen. Erstaunlich ist auch, dass wir einige gemeinsame Freunde haben, ich kenne seinen Cousin und seine Cousine, eine gute Freundin von mir war mit ihm längere Zeit zusammen, selbst meine Schwester kennt ihn schon seit über acht Jahren – aber wir haben uns erst jetzt kennengelernt! Vielleicht hatte es so kommen müssen, dass wir uns erst jetzt finden. Jedenfalls bin ich sehr glücklich, dass es so gekommen ist.

Anna

Annas Wunscherfüllung ist wirklich außergewöhnlich präzise!
Geht es noch genauer? Kann man sich auch die Stimme eines Menschen aussuchen? Mal sehen, was Bettina so erzählt.

Wie Roger Whittaker, bitte!

Lieber Pierre,

erst mal danke für deine Bücher. Ich kaufe alle und sie geben mir viel Kraft und Inspiration, obwohl auch schon Fehlbestellungen, besonders bei Wunschmännern, geliefert wurden.
Angefangen hat alles während meiner Scheidung.

Ich muss dazusagen: Damals kannte ich deine Bücher noch nicht, aber im Nachhinein ist es mir wie Schuppen von den Augen gefallen.
Also kurz erzählt: Ich hörte vor ca. fünf Jahren in meiner neuen Wohnung ständig Roger Whittaker, rauf und runter, und:

Ich wünschte mir aus tiefstem Herzen einen Mann, der aussieht wie Roger W. und so 'ne Stimme hat!

Was denkst du, was geschah? Ich traf auf dem Stuttgarter Frühlingsfest ein Ebenbild meines Stars! Und er kann singen mit einem ganz tiefen Bass! (Wie nennt man diese Stimme?)
Als mein Sohn, damals sechs, eine DVD von Roger Whittaker sah, fragte er mich: »Mama, ist das der Mann, den du triffst?«
Kurz und gut, er ist ein amerikanischer Colonel aus den Südstaaten, wir sind immer noch zusammen und er sieht selbst die große Ähnlichkeit mit Roger Whittaker: »... but I am younger!« Alle meine Freundinnen waren geschockt über diese Ähnlichkeit.

Bettina

Wenn der Nachwuchs auf sich warten lässt

Nun gibt es natürlich Wünsche, die scheinen nicht erfüllbar zu sein. Die Ärzte haben Sandra und ihrem Mann zu verstehen gegeben, dass sie sich keine Hoffnungen auf ein gemeinsames Kind zu machen bräuchten.
Wie sehr der Glaube dennoch Berge versetzen kann und das scheinbar Unmögliche doch möglich wird, zeigen diese erfolgreichen Wunschgeschichten von Paaren, die durch das Wünschen wieder Mut gefasst haben. Und heute stolze Eltern sind.

Wie wir wissen, können wir bei *Erfolgreich Wünschen* mehrere Varianten anwenden. Jede dieser mentalen Techniken ist effektiv – je nach deiner persönlichen Vorliebe kannst du die passende für dich aussuchen.
Manchmal hat man einfach mehr Lust auf Affirmationen, dann wieder mehr Spaß an der Möglichkeit »so zu tun als ob«. Manchmal genießt man es, in seine Ziele hinein zu meditieren, und ein andermal geht man gerne in die Kraft der Vorfreude.

Lieber Kinderwunschengel!

Lieber Herr Franckh!

Sie bekommen sicherlich viele, viele E-Mails, aber ich möchte jetzt doch mal »Danke!« sagen und Ihnen meine

Geschichte über die Erfüllung meines größten Wunsches erzählen.
Mein Name ist Sandra und ich bin 28 Jahre alt. Ich hatte eine nicht so schöne Kindheit, bin mehr oder weniger ohne Eltern aufgewachsen. Meine Großeltern haben mich zum größten Teil aufgezogen, sie waren sehr gut zu mir. Trotzdem habe ich das Familienleben im üblichen Sinne oft schmerzlich vermisst. Daher war es seit Jahr und Tag mein größter Herzenswunsch, einmal selbst Mutter zu werden.
2005 habe ich meinen jetzigen Mann kennen- und lieben gelernt. Im Jahre 2006 haben wir geheiratet, 2007 haben wir uns ein Häuschen gekauft.

Nun wollten wir unsere Liebe auch mit einem Baby krönen.

Ich bin allerdings wegen Zysten mehrfach an der Gebärmutter operiert worden und habe auch die Diagnose Endometriose (Gebärmutterschleimhaut außerhalb der Gebärmutter) erhalten. Meine Frauenärztin hat mir gesagt, dass es deshalb schwierig werden könnte, schwanger zu werden.
Als ich das hörte, brach für mich eine Welt zusammen. Ich habe sehr viel geweint und war der Verzweiflung nahe. Ich habe damals sogar gesagt: »Wenn ich kein Kind bekommen kann, dann möchte ich das Haus wieder verkaufen.« Und in der Zeit, wo es ganz schlimm war, schien mir mein Leben nicht mehr lebenswert, wenn ich kein Kind bekommen kann. Ich war innerlich zerrissen!

Im November 2007 habe ich die Pille abgesetzt und danach jeden Monat gebetet und gehofft, dass es klappt. Bis Februar 2008 ist jedoch nichts passiert und ich bekam immer mehr Angst und die Sehnsucht nach einem Kind wurde unerträglich groß. Zwischenzeitlich hatte ich auch einen »Abgang« innerhalb der ersten vier Wochen. Ich war unendlich traurig darüber!
Durch Zufall erzählte mir irgendwann Mitte März meine Schwägerin von Ihrem Buch *Erfolgreich Wünschen*. Ich habe es mir gleich am nächsten Tag gekauft und an zwei Tagen ausgelesen. Ich habe dann begonnen mit den »Parkplatz-Wünschen« und einigen anderen kleinen Wünschen, was auch immer super geklappt hat!
Irgendwann habe ich dann »den Wunsch« formuliert und aufgeschrieben und ihn in eine Kiste mit Rosen in meinen Nachttisch gelegt. (Ich muss dazu sagen, dass ich Rosen liebe.) Der Wunsch lautete:

Lieber Kinderwunschengel!
Bei meinem nächsten Vorsorgetermin wird mir meine Frauenärztin bestätigen, dass ich schwanger bin!
Vielen Dank, lieber Kinderwunschengel!

Einfache Worte mit durchschlagender Wirkung! Mein nächster Vorsorgetermin war am 8. Mai 2008! Ende März hatte ich das letzte Mal meine Periode, also hätte ich sie Ende April wieder bekommen müssen. Mein Zyklus war so regelmäßig, dass ich meine Uhr danach hätte stellen können. Doch meine Tage blieben aus, und ich hatte ein sehr wohliges und warmes Gefühl im Bauch.

Am nächsten Tag hab ich zu meinem Mann gesagt, dass ich meine Tage nicht habe, und er hat noch gesagt, ich solle mir nicht zu viel Hoffnung machen, damit ich nachher nicht enttäuscht sei. Auch meiner Oma hab ich das erzählt, aber auch sie meinte, ich solle abwarten. Aber nein, ich habe mich nicht davon abbringen lassen.
Und dann passierte etwas, was selbst meinen Mann (ein ziemlicher Realist) schwer zum Staunen brachte.
Mein Mann fuhr an diesem Sonntag los, um frische Brötchen fürs Frühstück zu holen. Als er wiederkam, legte er die Brötchen und die *Express am Sonntag* auf den Tisch. (Ich muss dazusagen, dass mein Mann die Zeitung sonst nie kauft.) Ich fragte ihn: »Seit wann kaufst du die *Express*?« Und er antwortete: »Ich möchte den Sportteil lesen, da steht was Interessantes drin.«
Nach dem Essen schlug mein Mann also den *Express* auf und bekam einen seltsamen Gesichtsausdruck. Er wurde ganz still – sonst redet er fast ununterbrochen – und drehte die aufgeschlagene Zeitung kommentarlos zu mir um.

Und da war die Bestätigung!

Vor mir lag ein zweiseitiger Bericht über das Wunder der Entstehung von neuem Leben. Jeder Monat der Schwangerschaft wurde mit tollen Bildern von Embryos und einem Text beschrieben.
Selbst mein Mann sagte: »Es ist unglaublich, Schatz, aber kann das was mit deinem Wunsch zu tun haben?«
An diesem Tag waren wir zum Kaffeetrinken bei meinen

Schwiegereltern und ich erzählte, was am Morgen passiert war und dass ich meine Tage nicht bekommen habe. Meine Schwiegermutter sagte, ich solle doch mal die Schwester meines Mannes anrufen, die in einer Apotheke arbeitet, und fragen, welche Apotheke in der Nähe Notdienst hätte. Dann könnten wir den Schwangerschaftstest gleich auf dem Heimweg kaufen.
Gesagt, getan. Ich rief meine Schwägerin an, und wie der Zufall es will, hatte sie selbst gerade Apothekennotdienst. Der Test wurde gleich eingepackt und noch am selben Abend machte ich ihn!
Mein Mann und ich waren wie kleine Kinder und konnten die Minuten bis zum Ergebnis kaum abwarten. Ich hatte den Test auf die Badewanne gelegt und ging runter ins Wohnzimmer, weil ich es nicht aushalten konnte, danebenzustehen.
Nach den fünf Minuten rannten wir beide die Treppe zum Bad hinauf, als würden wir an einem Wettrennen teilnehmen. Jeder von uns wollte zuerst auf den Test sehen! Ich sag ja, wie die kleinen Kinder!

Und da lag er, der positive Schwangerschaftstest!

Wenn ich das jetzt schreibe, kommen mir wieder die Tränen. Ich sank auf die Knie und weinte und lachte gleichzeitig. Ich stammelte nur noch: »Danke, danke danke!« Wir lagen uns in den Armen und konnten unser Glück kaum fassen. »Schatz, wir bekommen unser Wunschkind!« Dieses Gefühl war das schönste Gefühl in meinem Leben! Ich war überglücklich!

Gleich am nächsten Morgen rief ich bei meiner Frauenärztin an und berichtete, dass ich gestern einen positiven Schwangerschaftstest gemacht hatte. Die Sprechstundenhilfe sagte dann, dass ich ja sowieso in ein paar Tagen einen Termin hätte. Ob ich bis dahin warten wolle oder ob ich heute oder morgen schon vorbeikommen wolle? Es wäre allerdings besser, noch ein paar Tage zu warten, dann könne man auf dem Ultraschall schon etwas erkennen. Sonst könnten sie auch momentan nichts anderes machen als das, was ich bereits getan hätte, nämlich einen Schwangerschaftstest durchführen. »Gut«, sagte ich, »ich komme am 8. Mai zu meinem Termin.«
Und so ging ich am 8. Mai zu meinem Vorsorgetermin. Das Ultraschallbild bestätigte, was ich ja schon wusste: Ich bin schwanger!
Meine Frauenärztin freute sich mit mir, weil sie meine Krankengeschichte ja genau kannte, und sagte: »Das ging aber jetzt schneller, als ich dachte.«
Und ich sagte nur:

»Ich habe es mir ja auch gewünscht!«

Also passierte alles so, wie ich es mir gewünscht hatte. Die Frauenärztin bestätigte mir, dass ich schwanger bin. Genau so stand es ja auch in meinem Wunsch.
Ich denke, dass dies wirklich einer der Beweise ist, dass das Wünschen funktioniert.
Meine Schwangerschaft war dann gespickt von Wünschen für mein Baby. Unter anderem wünschte ich mir natürlich ein kerngesundes Kind, welches die Augenfarbe

und die Lippen meines Mannes bekommen sollte, aber die Wimpern von mir.
Und genau das war dann auch so.

Am 1. Januar 2009 wurde unsere Stella um 3:45 Uhr in Bergisch Gladbach geboren!

Sie ist kerngesund und ein wundervolles Kind! Sie ist ausgeglichen und total lieb und unkompliziert. Sie hat blaue Augen wie mein Mann, schöne Lippen wie mein Mann und lange, dunkle Wimpern wie ich. (Wie bestellt!)
Sie war das erste Kind 2009 in Bergisch Gladbach, deshalb kam gleich am 1. Januar die Presse und wir waren sogar in der Zeitung.
Sie ist ein absoluter Sonnenschein und verzaubert alle, die sie kennenlernen. Sie ist fast immer fröhlich und wir haben so viel Spaß mit ihr!
Es war der schönste Tag meines Lebens und seitdem bin ich der glücklichste Mensch der Welt und genieße unsere kleine Familie in vollen Zügen! Seit der Geburt haben wir viele positive Dinge erlebt – als ob das Glück mit der Geburt unserer Tochter Einzug gehalten hätte. Alles läuft irgendwie glatt. Und das ist auch gut so, weil ich es mir verdient habe. Lange habe ich auf das Glück gewartet. Jetzt ist es da, und ich koste es in vollen Zügen aus.

Und endlich weiß ich, wie es sich anfühlt,
bedingungslos zu lieben
und bedingungslos geliebt zu werden!

Denn das gibt es nur zwischen Eltern und Kindern!
Ich bedanke mich bei Ihnen von ganzem Herzen, dass Sie mir mit Ihrem Buch den richtigen Weg gezeigt haben. Sie haben das positive Denken in mir geweckt und mir deutlich gemacht, was man damit erreichen kann. Danke!
Ich wünsche Ihnen alles erdenklich Gute, Gesundheit und weiterhin viel Erfolg!

Sandra

Nicole nutzte die Wunsch-Collage für ihren Herzenswunsch: ein Baby.
Sie hat uns die Fotos geschickt, die sie damals dafür verwendet hat, und es ist erstaunlich, wie exakt ihr Wunschbaby »geliefert« wurde!

Ein Wunschbaby durch und durch

Hallo Michaela und Pierre!

Mein Luca ist so exakt geliefert worden, dass ich heut noch darüber staunen muss.
Ich war sechs Jahre mit meinem damaligen Ehemann zusammen. Die Ehe blieb trotz ärztlicher Hilfe und Hormonbehandlung kinderlos. Meine Eierstöcke haben von alleine keine Eier gebildet. Ich brauchte dafür Medikamente. Trotz guter Behandlung wurde ich nur zweimal schwanger und hatte leider zwei Fehlgeburten.
Irgendwann entschied ich mich einfach zu wünschen. Ich klebte ein Bild von einem Baby, das mich aus unse-

rer Sonntagszeitung anlachte, hinter ein Bild von meinem Mann und mir, versehen mit dem Wunsch: »So einen süßen Fratz möchte ich selbst auch bekommen und im Arm halten können.

Die Ehe ging dann recht schnell in die Brüche. Mein Mann kam einfach nicht mehr von einer Schulung heim, er hatte Monate vorher schon eine zukünftige Arbeitskollegin kennen- und lieben gelernt.

Ein paar Monate nach der Trennung lernte ich Lucas Vater kennen. Wir sprachen über Familienplanung und einigten uns darauf, nicht zu verhüten und zu schauen, ob ich von alleine schwanger würde. Ansonsten müsste ich irgendwann halt wieder Tabletten nehmen.

Sechs Wochen später war ich ohne ärztliche Hilfe und ohne Tabletten schwanger.

Die ersten Wochen waren sehr anstrengend. Da ich dauernd Blutungen hatte, befürchtete ich, das Kind zu verlieren. Aber ich versuchte immer daran zu denken, wie ich das Baby später im Arm halten werde …

Luca kam am 14. Mai 2012 zur Welt.

Zu dem Zeitpunkt hatte ich das Foto meines Wunschbabys schon total vergessen gehabt. Schließlich hatte ich das Bild von meinem Mann und mir mit dem Baby aus der Zeitung ja nach der Trennung abgehängt und weggelegt.

In der Weihnachtszeit kam dann montags meine beste Freundin, um Weihnachtsgrußfotos von Luca zu schießen … einen Tag vorher fiel mir durch Zufall das Foto mit dem Babybild hintendran in die Hände … erst da fiel mir die Ähnlichkeit auf. Am nächsten Tag stellten wir ein Foto, um die Bilder zu vergleichen.

Ich finde, das Universum hat toll geliefert!

Nicole und Luca

Stephanie teilten die Ärzte mit, dass sie nur sehr schwer ein zweites Kind bekommen könnte. Da begann sie ihre Form des Wünschens anzuwenden.

Ich tu mal so, als ob … ich schon schwanger wäre

Lieber Pierre,

vor etwa zehn Jahren wünschten mein Mann und ich uns ein Kind. Leider vergeblich. Nach einer ärztlichen Untersuchung wurde bei mir ein Gendefekt festgestellt, wodurch zu viele männliche Hormone freigesetzt werden. Ich musste Medikamente nehmen, um schwanger zu werden. Glücklicherweise dauerte es dann nicht lange. Nach der Geburt sagten die Ärzte mir, dass ich ohne Weiteres nicht wieder schwanger werden könnte.
Und so verhüteten wir auch nicht.
Nach ca. dreieinhalb Jahren wollte ich gerne ein zweites Kind. Ich stellte mir vor, wie es sich im Bauch anfühlen würde, wenn mein Baby drin wäre. Ohne das Wissen, das ich jetzt habe, hatte ich mir das Kind herbeigewünscht. Ich konzentrierte mich voll auf das Gefühl, wie es wäre,

wenn sich ein Baby im Bauch bewegt, und stellte mir vor, es wäre schon eines darin.
Ich fing an, nach Babysachen im Kaufhaus zu suchen und zu überlegen, was ich kaufen würde. Ich guckte dann auch bewusst nach Babyklamotten.
Und ja, ich war dann wirklich schwanger. Ich konnte es gar nicht fassen, denn die Ärzte hatten mir ja etwas anderes prophezeit. Selbst meine Frauenärztin war wirklich sehr überrascht.
Heute weiß ich, dass man sich wirklich alles wünschen kann.

Stephanie

Und hier gleich noch eine Anregung, was man sich alles erfolgreich wünschen kann:

Wenn man bereits schwanger ist, kann man sich da eigentlich auch eine leichte Geburt wünschen?
Conny konnte es.

Wie Cornelia sich eine gesunde, harmlose Schwangerschaft wünschte

Hallo,

mein Name ist Cornelia, ich bin aus Österreich und bin 33 Jahre jung.
Vor zweieinhalb Jahren habe ich erfahren, dass ich das schönste Geschenk des Himmels erwarte: ein Baby. Ich war

fest davon überzeugt, dass mir in der Schwangerschaft nichts fehlte. Überall hörte man Schauergeschichten über geschwollene Füße, Übelkeit, Zahnfleischbluten usw.

Ich aber wünschte mir eine gesunde, harmlose Schwangerschaft.

Und so kam es auch. Das Einzige, was verriet, dass ich ein Baby erwarte, war mein runder Bauch – obwohl ich nur zehn Kilo zunahm. Sonst fehlte wirklich nichts, weder war mir übel noch sonst was. Und damit nicht genug. Geburtstermin war der 6. Oktober. Ich unterhielt mich im Stillen mit Lion und sagte ihm, dass er bitte am 1. Oktober auf die Welt kommen soll. Ist ein tolles Datum: 01.10.11. Und so war es. Einen Tag zuvor sagte ich meiner Schwester voller Überzeugung: »Vergiss nicht, mich morgen im Krankenhaus zu besuchen.« Sie lachte … und musste tatsächlich an dem Tag kommen, um ihren Neffen zu besuchen. Denn ohne Vorwehen platzte in der Nacht die Fruchtblase und Lion erblickte am 1. Oktober die Welt. Und das Beste: Anstatt nach der Fünf-Stunden-Geburt k. o. im Bett zu liegen, duschte ich und aß eine Leberkäsesemmel.

Ich wünschte mir eine beschwerdefreie Schwangerschaft und Geburt – und ich bekam beides.

Wenn man will, geht alles. Auch seinen Körper kann man so steuern.

Den Kindergartenplatz erhielt ich übrigens auch so. Ich wusste, dass ich ihn bekomme, obwohl Lion einen Monat zu jung ist. Ich hatte das Gefühl und freute mich über einen weiteren Lebensschritt. Voilà … Platz erhalten! Lieber Herr Franckh, ich danke Ihnen für Ihre Bücher. Sie geben immer wieder eine Auffrischung, wenn es mal doch nicht so gut läuft im Leben.

Conny

Die Vielfalt von Wünschen

Geldwünsche

Unsere Einstellungen, die wir zu Geld haben, hemmen uns manchmal sehr dabei, Geld als ein normales Tauschmittel zu sehen, das auch mit Leichtigkeit zu uns kommen kann. Zu oft haben wir von unseren Eltern gehört: Man muss hart arbeiten für sein Geld. Geld ist etwas Schmutziges. Geld verdirbt den Charakter. Geld allein macht nicht glücklich …

Aber es gibt auch andere Haltungen die wir gegenüber Geld einnehmen können: »Geld ist im Überfluss vorhanden.« – »Geld kommt von überallher in mein Leben.« – »Das Geld liegt auf der Straße.« Fällt dir noch etwas ein? Na los, du *brauchst* eine gute Meinung über Geld. Wie soll es sonst zu dir kommen? Wenn man Geld unterbewusst ablehnt, dann lehnt das Geld einen auch ab. Also, finde ein paar positive Meinungen über das Geld. Und dann fang an zu wünschen.

Geld? Warum eigentlich nicht!

Lieber Pierre Franckh,

ich bin eigentlich ein ganz erfolgreicher Wünscher, auch bei größeren Sachen wie einer neuen Wohnung oder einem neuen Job. Geld hab ich mir früher allerdings noch nie bestellt.

Nachdem ich das Buch *Wünsch es dir einfach – aber mit Leichtigkeit* zum zweiten Mal gelesen habe, dachte ich: »Ja warum eigentlich nicht?« Und so wünschte ich mir:

Geld kommt von überallher zu mir.

Innerhalb einer Woche, nachdem ich den Wunsch aufgeschrieben hatte, kam ein Schreiben meiner Versicherung, dass sie die Zahnarztrechnung über 800 Euro jetzt doch übernehmen wird.
Nein, das ist noch nicht alles!
Mir wurde mitgeteilt, dass ich meine Weiterbildung nun doch nicht selber bezahlen muss.
Nein, das ist noch nicht alles!
Zu guter Letzt kam der Steuerbescheid, auf den wir schon monatelang gewartet haben, und zwar über eine Summe, die wir nie für möglich gehalten haben.
Ich hab meinen Mann nur angeguckt und gesagt: »Die liefern aber diesmal schnell!«

Sylke

Manchmal wird nicht nur schnell, sondern auch mit Hilfe von anderen geliefert. Das Schöne ist, dass die Helfer gar nichts davon zu wissen brauchen.

Wie bei diesem Wunsch die Polizei mithalf

Lieber Pierre Franckh!

Vor einiger Zeit trat Ihr Buch *Wünsch es dir einfach – aber mit Leichtigkeit* in mein Leben. Natürlich legte ich sofort los, mir alles Mögliche bewusst zu wünschen. Vor allem wurde mir klar, wie oft ich mich an Gott gewendet

habe und ihm erzählt habe, was ich brauche. Er/sie/es hat mich noch nie im Stich gelassen.
Mit *Erfolgreich Wünschen* geht es mir jetzt genauso.
Doch hier meine speziellste und mir liebste Wunsch-Geschichte.

Als ich vor kurzer Zeit wieder einmal zu einem Event fuhr, um dort auszuhelfen, wusste ich, dass ich 80 Euro verdienen werde. Auf der Fahrt dorthin dachte ich: »Ich brauche Geld für die nächste Monatsmiete. Ich möchte heute mit 150 Euro, eigentlich mit 200 Euro in der Tasche nach Hause kommen.« Ich wusste, dass sich das mit dem Stundenlohn nicht ausgehen würde, also dachte ich an großzügige Trinkgeldgeber.
Als ich mit der Arbeit fertig war, dachte ich sowieso nicht mehr an diesen Wunsch. Doch mein Arbeitgeber zahlte mir 90 Euro, aber Trinkgeld habe ich keines bekommen. Als ich das Hotel verließ, nahm ich zufällig einen anderen Weg als sonst. Es war dunkel und ich ging durch eine Seitengasse, in der ein Polizeiauto stand und rückwärts fahren wollte. Ich stand schon hinter dem Polizeiwagen … und plötzlich, einfach so, sah ich auf den Boden im Schein der Rücklichter Geld liegen. Reflexartig beugte ich mich runter und nahm das Geld in die Hand. Als die Polizisten wegfuhren, zählte ich es nach: 110 Euro.
Juhuuuuuu!
Ein herzliches Danke!

Patrizia

Manche Lieferungen vom Universum klingen so wundervoll wie ein Märchen. So auch bei Franziska.

Ich bestelle mal

Lieber Pierre,

schon sehr lange wollte ich meine ganz persönliche erfolgreiche Wunsch-Geschichte aufschreiben, heute setze ich es endlich in die Tat um. Es handelt sich um das Thema Geld.
2004 kam ich nach einem längeren Auslandsaufenthalt nach Deutschland zurück. Ich war Ende 20 und wollte beruflich noch mal komplett umsatteln, was mit einem kostenpflichtigen zweijährigen Studium verbunden war. Ersparnisse hatte ich keine nennenswerten. Ich hatte so wenig Geld zur Verfügung, dass ich, wenn Freunde sich mit mir zum Kino verabreden wollten, entweder absagen oder mich einladen lassen musste. Bald wusste ich nicht mehr weiter.

Da schickte ich eine Bestellung ans Universum über 15 000 Euro ab.

Kurz darauf, aus heiterem Himmel, lernte ich einen – wie sich später herausstellte – äußerst wohlhabenden Mann kennen.
Er bot mir Geld an, damit ich in Ruhe zu Ende studieren könne. Ich lehnte zuerst ab, irgendwann nahm ich das Angebot dann aber doch an – denn es war an keiner-

lei Bedingungen geknüpft. (Klingt wie im Märchen, nicht wahr?)
Er schenkte mir mehr als das Doppelte meines Wunschbetrags, sodass ich nicht nur das Studium zur Europasekretärin ohne existenzielle Ängste im Nacken beenden, sondern auch noch einen Bachelor- und dann einen Masterabschluss draufsetzen konnte.

Dafür bin ich dem Universum noch heute jeden Tag so dankbar!

Und auch dir, lieber Pierre, danke ich sehr für deine ermutigenden Bücher und Seminare!

Franziska

Wie oft denken wir, dass es unmöglich sein wird, aus einer entstandenen Notlage herauszukommen. Auch das ist eine Überzeugung, die sich realisieren wird. Zum Glück können wir einfach umdenken. So wie es Rainer getan hat.

10 000 Euro auf dem Konto

Lieber Pierre,

auf die Empfehlung eines alten Schulfreundes habe ich bis jetzt zwei Bücher von dir gelesen.
Nun, zu Beginn des Jahres, habe ich mich dem finanziellen GAU genähert. Da ich einerseits im Wünschen noch

nicht so bewandert bin, andererseits aber trotzdem recht mutig, habe ich folgenden Wunsch gewagt:

Danke für die 10000 Euro auf meinem Konto.

Wie viele deiner Leser oft beschreiben, dachte auch ich: »Was für ein Blödsinn! Wo soll denn plötzlich so viel Geld herkommen, wo ich doch mit 5000 Euro im Soll stecke?«

Ich wollte zwischendurch auch mal »nur« 5000 Euro wünschen – oder vielleicht sogar gleich eine Million, dann hätte ich überhaupt keine Probleme mehr; aber so weit ging mein Glaube dann (leider!) doch nicht.

Nun denn, über viele Wochen hielt ich meinen Wunsch aufrecht.

Ein Datum für die Lieferung habe ich mir allerdings nicht gewünscht.

Und nun der Hammer: Ein Anruf meines »Vermögensberaters« – zehn Jahre nichts von ihm gehört. Ich hatte bei ihm eigentlich alles gekündigt, weil er mir unseriös vorkam. Er meinte, ich hätte da einen kleinen Bausparvertrag laufen, den könnte man umwandeln; entweder würde man mir dann im April 8000 Euro auszahlen oder ich könnte ihn in ein Darlehen umwandeln und man würde mir 15000 Euro auszahlen – die Differenz zu den 8000 Euro müsste ich elf Jahre lang in kleinsten Raten zurückzahlen.

Ohne den Berater wäre der Vertrag noch ein paar Jahre gelaufen, bis es zu einer Auszahlung gekommen wäre. Ich entschied mich für die zweite Variante, weil diese meinem

Wunsch entsprach, und werde im April diese große Sorge los sein – dank deines Buches!
Ich möchte dir dafür aus tiefstem Herzen danken!

Rainer

Manchmal ist es ebenso hilfreich, sich, statt Geld zu wünschen, einfach das Gewünschte »zu bestellen«, und zwar ohne dafür Geld ausgeben zu müssen.

Eine Behandlung umsonst bitte

Hallo Pierre,

ich muss es einfach erzählen:
Vor Monaten war ich beim Zahnarzt, der mir für die Großsanierung meiner Zähne einen Kostenvoranschlag von 7800 Euro machte. Eigenanteil, wohlgemerkt. Traurig und fertig, nicht wissend, wie ich diese Summe aufbringen sollte, ging ich nach Hause.

**Am Abend im Bett bestellte ich mir,
dass ich einen Arzt finde,
der mir alles umsonst macht.**

Ich war innerlich so sauer, dass ich mir einen Arzt bestellte, der null Euro wollte – bei gleicher Qualität. Kurz dachte ich, ich sei verrückt. Wie soll so was gehen? Dennoch schob ich die Zweifel weg, denn ich wusste aus Ihren Büchern, dass man alles erreichen kann.

Ich sandte meinen Kostenplan über einen Bekannten nach Ungarn in der Hoffnung, einen besseren Preis zu bekommen. Irgendwie musste ich ja einen Arzt finden. Dieser erzählte mir wiederum von einer Bekannten, die ihre Zähne ins Internet gestellt hat, wo Ärzte ein Angebot darauf abgeben konnten.
Ich kenne so etwas von Handwerkern, aber von Ärzten war mir das unbekannt. Dennoch nahm ich Kontakt auf und stellte meine Suche ins Internet. Eine Woche später bekam ich ein Angebot von einem Arzt, der mir die Zähne für 1900 Euro machen wollte.
Voller Freude ging ich zu diesem Arzt. Der Unterschied zum ersten Angebot war schließlich enorm.
Meinen Wunsch hatte ich da schon wieder vergessen.
In der Praxis erstellte mir der Arzt den Kostenplan und sagte zu mir: »Ich mache Ihnen die Zähne für 3,80 Euro. Den Rest rechne ich mit der Kasse ab.
Ich dachte: »Wow! 3,80 Euro. Das gibt's doch nicht« – und in dem Moment erinnerte ich mich an meine Bestellung:

Ich finde einen Arzt, der mir alles umsonst macht.

Und der nächste Satz des Zahnarztes war: »Und diese 3,80 Euro, die schenk ich Ihnen.«
Mittlerweile habe ich meine Zähne erhalten, laufe freudestrahlend durch die Gegend und danke dem Universum! Danke an Sie, Pierre Franckh! Bitte schreiben Sie noch viele Bücher, denn so macht das Leben richtig Spaß!

Tanja

Berufswünsche

Nicht nur mit fortgeschrittenem Alter, auch vorher schon schein es schwer zu sein, dass sich berufliche Wünsche erfüllen. Doch auch hier hilft *Erfolgreich Wünschen.*
Wie wir ja wissen, ist es sehr wesentlich, so lange optimistisch an seinen Wünschen dranzubleiben, bis sie erfüllt werden.
Die folgende Geschichte von Conny zeigt sehr gut, wie sich Optimismus auszahlt – und auch die Beständigkeit beim Wünschen. Sie ist deswegen so wichtig, weil sich unsere Wahrnehmung neu ausrichtet.
Wenn wir uns mental mit unseren neuen Zielen verbinden, wird unser Bewusstsein immer wacher für neue Möglichkeiten. Auch unser Umfeld richtet sich neu aus.
Und das geht nicht immer von heute auf morgen.
Viel wichtiger ist doch, dass es überhaupt geht!

Conny wünscht sich viele Kunden

Hallo Pierre,

dank deiner tollen Bücher durfte auch ich ein ganz tolles Wunder erleben, das ich dir nicht vorenthalten will. Vor allem möchte ich aber allen »Selbstständigen«
Mut machen, auch in beruflich harten Zeiten nicht den Optimismus zu verlieren.
Hier also meine Wunsch-Geschichte:

Ich bin selbstständige Dekorateurin und hatte viele Jahre lang unter anderem einen großen Kunden, der mir in den letzten zwei Jahren das Leben sehr schwer gemacht hat. Ich fing bereits an, unter diesem Druck auch körperlich zu leiden, mit starker Migräne, kleineren Zusammenbrüchen usw. Eigentlich konnte ich aus finanziellen Gründen auf diesen Kunden nicht verzichten, aber aus gesundheitlicher Sicht musste was geschehen.

Ich wünschte mir also, dass ich mich von diesem Kunden lösen könnte und dafür einen gleichwertigen Kunden bekommen würde.

Kurz darauf löste ich mich in der Tat von diesem Kunden, hatte aber noch keinen Ersatz gefunden. Meine Mitarbeiter hatten die schiere Panik, ihren Arbeitsplatz zu verlieren, da sich niemand vorstellen konnte, aus diesem Desaster heil herauszukommen.
Ich blieb optimistisch, machte allen Mut und war der festen Überzeugung, dass es für uns gut ausgehen würde.
Ein interessanter Nebeneffekt: Meine Migräne war schlagartig weg, mir ging es wieder supergut (wie schon lange nicht mehr).
Das löste aber nicht das Problem mit den Finanzen.
Zunächst bekamen wir auch wieder ein paar kleinere Kunden, die uns aber unterm Strich nicht satt machten.
Mein ganzes Umfeld malte mir in den schlimmsten Farben meinen Untergang: Du musst aus deiner Werkstatt raus, die Mitarbeiter entlassen, Auto weg usw. Immer am Monatsende war es eine Zitterpartie, aber ich habe mir

immer gewünscht, dass so viel Geld reinkommt, um allen Verpflichtungen nachkommen zu können. Und so war es dann auch!

Im Juli letzten Jahres, als mich alle schon am Boden sahen, geschah dann das Wunder.
Eine Kundin rief mich an und fragte mich, ob sie meine Telefonnummer weitergeben dürfe, da gerade eine Vertreterin bei ihr sei, der meine Dekorationen schon seit vielen Jahren immer so gut gefielen.
Diese Dame würde nämlich in absehbarer Zeit ihren Arbeitsplatz wechseln. Sie begann bei einem kleinen Filialisten in der Werbung.
Und sie wollte mich als Dekorateurin.
Wir vereinbarten ein Gespräch, um uns kennenzulernen.
Als ich dann dort war, erfuhr ich, dass die Dame bereits wieder gekündigt hatte, man aber trotzdem sehr interessiert an mir wäre. Das Gespräch dauerte drei Stunden und war richtig nett, der Inhaber war von meinen Arbeiten total angetan, und seit Januar dekoriere ich nun diese Filialkette.
Es macht sehr viel Spaß, man schätzt meine Arbeit, und das Wichtigste: Ich verdiene sehr gut dabei!
Mein ganzes Umfeld kann es kaum glauben, dass ich es wieder geschafft habe.
Aber ich habe es mir gewünscht und immer felsenfest daran geglaubt, dass es weitergeht, weil mein Beruf auch meine Berufung ist.

Conny

Und da wir schon bei beruflichen Wünschen sind, hier ein paar wundervolle Beispiele, was durch *Erfolgreich Wünschen* alles möglich wird.
Was mir an der folgenden Geschichte von Nicole so gut gefällt, ist, dass sie ganz einfach »frisch und frech« ans Wünschen geht und ihr Wunsch schneller als erwartet geliefert wird.

Fürs Praktikum in Versailles eine große Wohnung und bitte auch noch einen Job in Amerika

Hallo Herr Franckh,

ich möchte gern von meinen erfolgreichen Wünschen erzählen, die eingetreten sind, nachdem ich Ihre Bücher *Erfolgreich Wünschen* und *Wunschgeschichten* gelesen habe. Nun bin ich seit Januar in Versailles für eine Art Praktikum bei einer Behörde.

Ich habe mir hierfür eine Wohnung gewünscht.

Die sollte so groß sein, dass ich problemlos Gäste in den drei Monaten des Praktikums unterbringen konnte. Es ist an sich schon schwer, eine Wohnung in Frankreich zu bekommen, die möbliert ist, und wenn man dann noch aus dem Ausland kommt, sind die Agenturen immer skeptisch oder melden sich einfach nicht.
Doch dann kam eine Meldung von einer netten Dame, die sogar außer Französisch auch noch Deutsch und Englisch sprach.

Und ich bekam eine 90 Quadratmeter große Wohnung.

Zu Hause in Köln habe ich nur 54 Quadratmeter. Und nun konnte ich problemlos Gäste unterbringen.
Und dann habe ich mir gewünscht:

Ich bekomme eine Stelle im weiteren Ausland und verdiene viel Geld.

Kurz darauf bekam ich einen Anruf von meinem Chef, ob ich mich nicht auf einen Posten (eine Stufe höher) unserer Behörde in Amerika bewerben möchte. Man kam überein, dass man sich mich als Einzige aus der Behörde auf diesem Posten vorstellen könnte, und würde die Bewerbung unterstützen, da sicher auch Bewerbungen aus anderen Behörden eingehen werden.

Die Stelle habe ich bekommen.
Eine schnellere Lieferung geht ja wohl nicht!

So, das wollte ich einfach mal berichten, da es kaum jemand glaubt und mein Vater sich auch immer wieder wundert.

Nicole

Wegen solcher Erfolgsgeschichten gibt es dieses Buch! Letztlich geht es bei allen Wünschen – groß oder klein, materiell oder nicht materiell – doch nur um eines: glücklich zu sein.

Stipendium, Studienplatz, Ghana, Lesotho und zweimal Namibia, bitte!

Lieber Pierre Franckh,

mit meiner Wunsch-Geschichte möchte ich allen Menschen Mut machen, ihre Wunschkraft zu nutzen und damit ihre Träume zu verwirklichen.
Bei dem Praktikum, mit dem ich mein Studium abschloss, verdiente ich 500 Euro im Monat und musste davon auch noch die Miete bezahlen. Das Praktikum neigte sich dem Ende zu, meine finanziellen Ressourcen waren erschöpft und leider waren alle meine Bewerbungen bislang unbeantwortet geblieben. Ich stand vor der Arbeitslosigkeit und einem finanziellen Absturz.
Eines Tages ging ich in der Mittagspause in eine Buchhandlung und kaufte ein Buch, das Übungen zum Erkennen des wahren Wunschberufs enthält.
Ich dachte im Hinausgehen:

»Ich brauche irgendeinen Job, der mir finanziell über die Runden hilft und mir genügend Zeit gibt, meine Wunschtätigkeit zu finden.«

Im Büro angekommen, klingelte das Telefon: Mein ehemaliger Professor wollte Eine Assistenzstelle ausschreiben und bot mir diese als Erste an! Ich war sprachlos. Als ich auch noch eine günstige, voll möblierte und außergewöhnlich große und originelle Wohnung für mich fand, wusste ich, dass ich auf dem richtigen Weg war.

Nun also war ich in diesem Job, und Ihr Buch fiel mir in die Hände. Ich spürte, dass mir meine Wunschkraft schon einmal weitergeholfen hatte, und las das Buch deshalb besonders aufmerksam.
Inzwischen wusste ich auch, wie es weitergehen sollte: Ich wollte über Entwicklungsländer schreiben, und dazu brauchte ich einen Aufbaustudiengang.
Leider hatte ich kein Geld für ein weiteres Studium. Finanzielle Unterstützung von meinen Eltern kam nicht infrage. Und, so betonten die Stellenbeschreibungen, für Nebenjobs würde keine Zeit sein. Meine einzige Chance war ein Stipendium.

Also begann ich, meine gewünschte Zukunft zu visualisieren und unbeirrbar daran zu glauben.

Kurz und knapp erzählt: Wenig später geschah das Wunder! Bei meiner Lieblingsstiftung kam ich bis in die letzte Auswahlrunde, ein persönliches Gespräch mit Gruppendiskussion in Berlin! Ich bekam das Stipendium und Freudentränen standen mir in den Augen, als ich ein paar Wochen später den Brief mit der Zusage noch direkt am Briefkasten öffnete.
Nun hatte ich zwar das Stipendium, aber noch keine Zusage für den Studienplatz. Denn zielgerichtet und vertrauensvoll hatte ich mich nur an einer einzigen Hochschule für einen einzigen Studiengang, »meinen« Studiengang, beworben.
Voller Vertrauen und getreu dem Motto »So tun als ob!« machte ich mich trotzdem schon einmal auf Wohnungs-

suche in der neuen Stadt, kündigte meine Arbeitsstelle und meine Wohnung. Ich fand ein perfektes Zimmer: preiswert, möbliert, ruhig, mit großem Bad inklusive Badewanne, mit traumhaftem Blick, im Grünen, in der Nähe der Uni, aber auch nicht weit vom Bahnhof – genau so, wie ich es mir gewünscht hatte. Erst vier Wochen vor dem ersten Vorlesungstag kam dann endlich, endlich die Zusage für meinen Studienplatz!

Damit ist meine Wunsch-Geschichte aber noch nicht zu Ende. Ich wünschte mir, dass das Stipendium mich so lange unterstützen würde, wie ich es brauchte, um das Studium erfolgreich abzuschließen.

Da ich mich bei meinem vorherigen Studium sehr beeilt hatte, wünschte ich mir für dieses Mal viele interessante Praktika und Auslandsaufenthalte.

Heute, drei Jahre später, bin ich fast fertig und war mithilfe des Stipendiums und natürlich meiner Wunschkraft bereits in Ghana, Lesotho und zweimal in Namibia.

Außerdem habe ich ein halbes Jahr Praktikum in Deutschlands größter Organisation für Entwicklungszusammenarbeit gemacht (diesen Praktikumsplatz hatte ich schon ein Jahr im Voraus in der Tasche – ein weiteres Ergebnis erfolgreichen Wünschens).

In der Zwischenzeit habe ich mithilfe von Wunschkraft, positiver Visualisierung und Hineinfühlen auch eine intensive, aber schwierige Beziehung beendet und einen liebevollen neuen Partner gefunden.

Dank meiner Erfahrungen mit erfolgreichem Wünschen und meiner schon so oft bewiesenen Wunschkraft weiß ich, dass ich alles erreichen werde – und noch viel mehr! Danke, liebes Universum, danke, lieber Pierre!

Daniela

Und da sich viele von uns nicht nur den idealen Job wünschen, sondern auch noch gerne ein bisschen berühmt werden möchten, stellt sich natürlich die Frage, ob man sich auch solche Sachen wünschen kann.
Auf einem Seminar fragte mich eine junge Frau, ob sie sich denn auch so etwas wünschen darf.
»Darf?« Genau in diesem Wort steckt oftmals mehr Wahrheit, als uns lieb sein kann. Oftmals träumen wir von wundervollen Dingen, aber eine innere Instanz gestattet es uns nicht. Etwas in uns begrenzt uns.
Meist zeigt sich das in dem mulmigen Gefühl, ob wir so etwas überhaupt dürfen. Ob Moral, Erziehung, das Gefühl von Minderwertigkeit oder anerzogene Bescheidenheit – all diese Dinge führen oftmals dazu, dass wir uns nur wenig zutrauen.
Manchmal sind in unseren Überzeugungen auch noch folgende Sätze zu finden: »Bloß nicht auffallen.« – »Das ist überheblich.« – »Bescheidenheit ist eine Zier.«
Überlege mal, welche Sätze dich begrenzen könnten, und dann male dir aus, was du gerne tun würdest, wenn diese Sätze keine Kraft mehr über dich haben.
Erst dann geht es so richtig los. Denn wenn du nicht über deine Grenzen gehst, dann bist du noch immer das Kind

deiner Eltern. Auch wenn du längst erwachsen bist, übernimmst du die Werte und Vorstellungen deiner Eltern. Und damit sollte doch mal so langsam Schluss sein.
Ja, aber … Ja, ja, die vielen »Abers« kennen wir alle. Was wir nicht kennen, sind die vielen Möglichkeiten, die sich uns eröffnen, wenn wir zu wünschen beginnen.
Und damit sind wir schon bei einer weiteren Frage: Geht das Wünschen denn auch beim Casting?

Wenn man den Turbo-Wunschtermin nutzt

Liebe Michaela, lieber Pierre,

ihr erinnert euch vielleicht noch: Nach unserem Seminar standen wir eine Weile zusammen auf dem Bahnhof in Bad Pyrmont und warteten auf die S-Bahn nach Hannover. Dort habe ich euch von dem bevorstehenden Casting meiner Tochter Ines für die Sendung *Unter uns* erzählt und dass sie schon seit vier Jahren keinen Job mehr als Schauspielerin hatte.
Am folgenden Tag haben meine Tochter und ich uns zum gemeinsamen Turbo-Wünschen verabredet und ganz zielgerichtet gewünscht, dass sie nicht nur zum Casting eingeladen wird, sondern auch die Rolle bekommt.
Ich habe bis gestern täglich mit ihr telefoniert und wir haben beide die feste Überzeugung gehabt, dass es dieses Mal klappen wird. Und was soll ich sagen:

Gestern kam der Anruf aus Köln:
Es hat geklappt!

Sie ist ab Mai dabei und wird morgen den Vertrag mit RTL unterschreiben. *Erfolgreich Wünschen* hat also mal wieder hervorragend funktioniert!

Ingrid

Wie Ingrids Beispiel zeigt, war und ist sie von ihrer eigenen Wunschkraft überzeugt. Die Überzeugung ist der wesentlichste Punkt beim Wünschen.

In jedem von uns schlummert eine mentale Kraft, die nur darauf wartet, eingesetzt zu werden.

Und noch etwas hat uns diese Geschichte von Ingrid und ihrer Tochter Ines gezeigt: Es ist wesentlich effektiver, wenn man gemeinsam wünscht.
Bei der nächsten Wunsch-Geschichte erfahren wir noch einen weiteren sehr gut funktionierenden Trick: eine Wunschcollage. Wie Alexa diese Form des Wünschens auf ihre Weise nutzte, beschreibt sie in ihrer Geschichte.

Alexa fertigt eine Zeichnung ihres neuen Lebens an

Hallo lieber Herr Franckh,

vor einiger Zeit hatte ich ein enormes Tief und verlor meine Praxis, mein Geschäft, mein ganzes Geld (Insolvenz)… Nach einem halben Jahr der Trauer begann ich mein Denken zu verändern und schrieb meine Wünsche für einen neuen Job und mein neues Leben auf. Ich wollte selbstständig sein, aber geldtechnisch Sicherheit haben. Ich wollte reisen, kochen, wieder etwas in der Praxis arbeiten, mit etwas handeln, mich wieder mit Ernährung beschäftigen, eine eigene Wohnung für mich, wollte als Dozentin arbeiten, aber auch mit Werbung zu tun haben …

Alles habe ich bekommen. Wirklich alles!

So einen einzigartigen Job gibt es kein zweites Mal. Ich reise zu Messen für eine bekannte Firma, arbeite für ein Bio-Restaurant, einen Cateringservice, ein Ernährungsberatungszentrum und eine Manufaktur für Nahrungsergänzungsmittel. Bei denen bekomme ich auch wieder eine eigene Praxis, habe eine eigene Wohnung, darf reisen … All das habe ich bisher bekommen.
Es lohnt sich wirklich, das Denken und Fühlen zu verändern. Ungute Gefühle gibt es gar nicht mehr bei mir. Für alles gibt es einen Grund. Ich brauchte diese Tiefphase, um daran zu wachsen und um von der Kleinstadt in die Großstadt zu kommen. Nun sitze ich in der teuersten Gegend Hannovers und arbeite für ein Lokal, das in der Zeitschrift *Prinz* unter den ersten Plätzen rangiert. Wahnsinn! Verblüffend war ja, dass ich während der Umstellung zum positiven Denken eine Zeichnung meines neuen Lebens angefertigt hatte, mit allem, was mir beruflich wichtig ist. Vor einiger Zeit habe ich dann diese Zeichnung wiedergefunden und festgestellt: Alles ist so eingetroffen!

Alexa

Kann man sich auch schlank wünschen?

Heute weiß man, dass Übergewicht nicht nur etwas mit falscher Ernährung und wenig Bewegung zu tun hat, sondern vorrangig auch mit mentalen Programmen. Manchmal bietet es uns Schutz, manchmal kompensieren wir damit Dinge. Gründe für zu viel Gewicht gibt es sehr viele. Die meisten davon liegen in uns, in unseren Überzeugungen, unserem Selbstvertrauen.
Da all dies sehr viel mit unseren Gedanken über uns selbst zu tun hat, können wir auch sehr gut mit unseren Gedanken auf unseren Körper einwirken. Es gibt nämlich eine sehr starke Wechselwirkung zwischen unseren Gedanken und unserem Körper.
Ich habe darüber sehr ausführlich in meinem Buch *Wünsch dich schlank* geschrieben. Deshalb hier nur drei kurze Berichte, wie leicht und schnell man mit *Erfolgreich Wünschen* abnehmen kann.
Karins Geschichte ist ein sehr gutes Beispiel dafür, wie wichtig es ist, dass wir die richtigen Bilder und Visionen in uns entstehen lassen.
Karin hatte sich zuerst gewünscht, was sie alles »nicht« möchte. Wie wir wissen, kann das Unterbewusstsein eine Verneinung nicht verstehen. Da unser Gehirn alle Informationen in Bildern abspeichert, brauchen wir klare Bilder, wohin die Reise gehen soll, und nicht, wo sie nicht hingehen soll. Sonst erschaffen wir immer wieder genau das, was wir nicht mehr möchten.

Fast 30 Kilogramm und einen Körperumfang von 125,5 Zentimetern verloren!

Hallo lieber Pierre!

2005 wurde ich mit meiner Tochter Shayenne schwanger. Sie ist ein absolutes Wunschkind und ich durfte im Großen und Ganzen eine schöne Schwangerschaft erleben. Was mir immer und immer wieder Angst machte, war mein Gewicht. Ich hab mir immer wieder gesagt: »Ich will nicht so viel zunehmen, ich will nicht dick sein, ich will nicht, ich will nicht, ich will nicht…«
Tja, was dann kam, liegt ja auf der Hand: Am Ende der Schwangerschaft hatte ich 35 Kilo mehr. Dabei habe ich mir solche Mühe gegeben und mich überwiegend wirklich gesund ernährt. Aber es half alles nichts. Ich hab dann versucht, nach der Stillzeit meine Pfunde wieder loszuwerden… auch das vergebens.
Immer wieder hörte ich mich sagen:

Egal, was ich versuche, es hilft einfach nichts.
Egal, wie gesund ich mich ernähre,
ich nehme einfach nicht ab.

Ich hatte haufenweise solche Sätze auf Lager, das kannst du mir glauben.
Knappe drei Jahre trug ich mein Gewicht mit mir rum und ich glaube, ich war noch nie in meinem Leben unglücklicher, unzufriedener, mürrischer und einfach tieftraurig.

Im Mai 2008 hab ich den Weg zu deinen Büchern und auch zu deinem Forum gefunden. Es war und ist eine riesige Bereicherung für mein Leben. Die ganzen Texte und Berichte, alles, was ich durch dich erfahren durfte, hat mich dazu gebracht, über mich und mein Leben nachzudenken. Ich habe den Weg zu mir selber gefunden, mich selber kennengelernt und herausgefunden, was ich wirklich für mich in meinem Leben möchte.
Eines Tages hab ich mir – wie in deinem Buch vorgeschlagen – Kataloge angeschaut und darin ein bestimmtes Model gesehen. Ich war wie erstarrt, denn ich sah mich. Hey, das war mein Körper!
Also schnitt ich mir das Bild aus und klebte meinen Kopf darauf. Es passte einfach perfekt!

Das bin ich. Ich bin superschlank und supersexy.
Ich bin gesund und fühl mich so richtig gut!

Das waren von nun an meine neuen Glaubenssätze. Jeden Morgen, bevor ich aufgestanden bin, hab ich mir mein Bild angesehen und gleichzeitig meine neuen Glaubenssätze gesagt.
Am Anfang war es schon noch ein bisschen seltsam. Na ja, ich war alles andere als superschlank und supersexy. Aber ich hab mich nicht beirren lassen und schön brav meine Sätzchen gesagt, und zwar so lange, bis ich es auch wirklich tief in mir drin geglaubt habe.
Mir ging es von Tag zu Tag besser. Meine Gefühle mir selbst gegenüber haben sich schlagartig verändert und mein Gewicht … es wurde einfach immer weniger. Im

August hatte ich bereits zehn Kilo abgenommen und habe nichts dafür getan. Doch, ich hab an mich und die Kraft meiner Gedanken geglaubt!
Zu diesem Zeitpunkt kam auch der »Durst« nach Bewegung, also hab ich mich kurzerhand, gemeinsam mit meiner Mutter, im Figurstudio für Frauen angemeldet und trainiere dreimal die Woche eine halbe Stunde lang.
Nun, seither ist bald ein Jahr vergangen und mein Abnehmerfolg ist für mich einfach unbeschreiblich:

Ich habe in dieser Zeit schon fast 30 Kilo und einen Körperumfang von 125,5 Zentimetern verloren!

Ganz fertig bin ich noch nicht mit dem Projekt »Ich«, aber ich bin unheimlich glücklich und stolz auf das, was ich bis jetzt erreicht habe. Und ich weiß ganz bestimmt, dass der Rest ein Klacks ist.

Ohne dich, deine Bücher und all die wunderschönen Berichte auf deiner Homepage hätte ich die Kraft und besonders die Motivation nicht gefunden, mich und mein Denken zu hinterfragen und somit den Weg zu mir zu finden: Ich bin superschlank und supersexy …
Pierre, du hast mir diesen Weg aufgezeigt und dafür danke ich dir aus tiefstem Herzen.

Karin

Julia benutzte einen ganz anderen Trick, um die richtigen Bilder in sich entstehen zu lassen. Sie sang ihre Schlank-Affirmationen.

Ich sing mich mal schlank

Sehr geehrter Herr Pierre Franckh,

ich wollte Ihnen meine erfolgreiche Geschichte über das Abnehmen erzählen. Und zwar habe ich mir ein Lied gemacht mit meinen Affirmationen. Ich habe den ganzen Tag überglücklich gesungen:

»55 Kilogramm, die ich jetzt wiege,
ich bin so rank und schlank,
danke, Gott sei Dank!«

Mit diesem Lied, das ich immer fröhlich gesungen habe, egal wo ich grade war, habe ich in der Woche drei bis vier Kilo abgenommen, insgesamt – nur durchs Singen und Vertrauen – 15 Kilo. Meine Haut ist so schön glatt, nichts hängt. Ich esse, was ich will, und nehme nicht zu.
Während ich dieses Lied gesungen habe, habe ich mir auch keine Gedanken ums Essen gemacht, sondern einfach gegessen. Ich habe das Lied meinen Freunden weitergegeben und zwei von ihnen haben auch sehr viel abgenommen dadurch.

Julia

Wünsche im Alltag

Wie man sieht, müssen es nicht immer die großen Wünsche sein, die uns glücklich machen. Im Gegenteil: *Erfolgreich Wünschen* hilft uns ständig. Gerade und vor allem auch im Alltag, wenn wir Wünschen zu unserer Gewohnheit werden lassen.
Um dir zu zeigen, wie vielfältig Wünsche sein können und für welche ganz unterschiedlichen Möglichkeiten wir unsere Wunschkraft nutzen können, findest du im Folgenden ein paar sehr verschiedene Beispiele.

Liebes Universum, ich habe einen guten Flug

Lieber Pierre,

vor einigen Wochen bin ich mit meinem Freund nach Wien geflogen. Hintergrund der Reise war nicht nur die Stadtbesichtigung. Ich wollte auch meine Flugangst besiegen.
Der Hinflug war eine Katastrophe für mich. Die vielen lauten Geräusche und das Wackeln hatte ich von meinem letzten Flug vor 15 Jahren so auch nicht in Erinnerung. (Ich bin 26 Jahre alt. Meine Flugangst hatte sich im Alter von 14 entwickelt. Sie war auf einmal da.)
In Wien angekommen, war ich in Gedanken schon damit beschäftigt, mit dem Zug zurückzureisen. Überall war angeschlagen: »Hamburg 29 Euro«. Ich komme aus Hannover, das wäre ja nicht weit. Allerdings hat mich die Fahrzeit dann doch dazu gebracht, noch einen Flug auszuhalten.
Für die Reise hatte ich mir dein Buch *Wunschgeschichten*

für die Seele mitgenommen. Der Titel hatte mich gelockt, und ich empfand es als gutes Mittel gegen Angst.
Am Abend vor dem Abflug habe ich mir, beflügelt von all den erfüllten Wunschgeschichten, Folgendes gewünscht:

»Liebes Universum, ich habe einen guten, angenehmen Flug und bin voller Freude.«

Am nächsten Morgen hatte ich den Wunsch schon wieder vergessen und war fix und fertig. Endlich saßen wir im Flugzeug und ich musste nur noch eine Stunde überstehen …

Wir starteten und … die Angst war weg.

Ich schaute sogar aus dem Fenster und ging im Flugzeug auf und ab. Bei der Landung war ich traurig, dass der Flug schon wieder vorbei war, und wäre am liebsten ins nächste Flugzeug eingestiegen.
Dieser Tag hat mein Leben verändert!
Wer mich kennt, der weiß, dass es fast unmöglich ist, mich so umzustimmen.
Vielen, vielen lieben Dank für deine Bücher! Ich bin dir unendlich dankbar!

Anja

Was kann man tun, wenn das Baby keine Nahrung zu sich nimmt und man kurz davor ist, das eigene Kind in eine Klinik für Essstörungen einzuliefern?

Rahel war verzweifelt. Nichts funktionierte bisher. Da kam sie auf die Idee, es mit *Erfolgreich Wünschen* zu versuchen.

Bitte, einfach ein Stück Fleisch oder einen Löffel Reis essen!

Lieber Pierre,

normalerweise bin ich nicht so gutgläubig und stehe mit beiden Beinen fest auf dem Boden. Aber nun muss ich endlich meine persönlichen Wunsch-Geschichten loswerden: Meine kleine, damals eineinhalb Jahre alte Tochter hat nichts anderes als Quark, Brei und Getreideriegel gegessen. Wir haben alles versucht, von Bitten, Betteln, Belohnen, Ignorieren, Erpressen, »Hungern-Lassen«, Gegen-den-Willen Füttern – was natürlich postwendend zurückkam. Alles hatte keinen Erfolg. Wir waren ratlos und machten uns zunehmend Sorgen, dass etwas mit dem Verdauungstrakt nicht in Ordnung sein könnte. Die Ärzte, bei denen wir waren, konnten uns allesamt auch nicht wirklich weiterhelfen. Nachdem sie organische Ursachen ausgeschlossen haben, vertrösten sie uns damit, dass wir Geduld haben müssten. Schließlich wäre das Verweigern von Essen das einzige Mittel, womit Kinder Macht über uns hätten. Die gut gemeinten Ratschläge von allen Seiten, etwa »Wenn das mein Kind wäre, dann …« oder »Einfach hungern lassen, es isst dann schon …« haben uns nur noch mehr verunsichert und mir persönlich das Leben sehr schwer gemacht.

Wir waren an einem Punkt, an dem wir ernsthaft in Erwägung ziehen mussten, unser Kind in eine Klinik für Essstörungen einzuliefern.

Schon beim bloßen Gedanken daran kam mir das kalte Grausen.
Was soll ich sagen, die Wendung kam, als ich eines Tages Ihre Kolumne in der Zeitung gelesen habe. Ich dachte mir: »Ich habe ja nichts zu verlieren«, also hab ich mir ganz intensiv gewünscht und bildlich ausgemalt, wie es sein könnte, mit unserer Tochter gemeinsam am Tisch zu essen. Leider nur mit mäßigem Erfolg. Sie saß zwar brav mit uns am Esstisch – wie vorher auch –, nahm aber nichts von den angebotenen Speisen.
Ich bin also meinen Wunsch nochmals durchgegangen, habe ihn noch präzisiert.

Ich habe mir bis ins Detail vorgestellt, wie sie mit ihrer Gabel ein Stück Fleisch in den Mund führt und kaut oder einen Löffel voll Reis isst.

Und das alles ohne Geschrei, Tränen und Rauswürgen.
Was soll ich sagen, es klingt so unglaublich, dass es kaum in Worte zu fassen ist. Am kommenden Tag wollte ich es nochmals probieren und bekam den Mund fast nicht mehr zu. Sie aß Löffel für Löffel. Und seit diesem Tag isst sie ganz normal mit uns am Tisch mit. Ich bin fasziniert.

Rahel

Erfolgreich Wünschen Kindern nahezubringen ist deswegen so spielerisch leicht, weil sie viel mehr mit ihrer Intuition verbunden sind als wir Erwachsene.
Michaela und ich haben die »Technik« des Visualisierens auch schon als Kinder ausgeübt – natürlich ohne zu wissen, was mentale Kraft ist. Einfach nur, weil wir Spaß am Träumen hatten.

Kinder verstehen es auch sehr schnell, die für das Wünschen richtige Formulierung anzuwenden – und wie wir gleich sehen werden, ist es »kinderleicht« und kann schon von den Kleinsten praktiziert werden.

Richtig zu formulieren ist kinderleicht!

Lieber Pierre!

Wollte dir nur erzählen, dass ich im Kindergarten arbeite und dass Wünschen für unsere Kinder ein sehr wichtiger Bestandteil unseres Morgenkreises geworden ist. Wir haben einen Wunsch-Stein und die Kinder können ihn jederzeit benutzen. Und mindestens einmal in der Woche wünschen wir gemeinsam. Die Kinder dürfen nacheinander den Stein nehmen und laut einen Wunsch sagen, damit sie die richtige Formulierung lernen. Es ist erstaunlich, wie schnell sogar die dreijährigen Kinder die richtige Formulierung kennen und die anderen Kinder verbessern, wenn sie falsch formulieren. »Du musst doch sagen: ›Ich habe ein Barbieauto‹, und nicht: ›Ich wünsche mir eins‹«, verbessern sie dann.

Und wenn ein Wunsch in Erfüllung gegangen ist, kommen sie gleich zu uns und erzählen es ganz erfreut.
Vielen Dank für alles.

Karin

Marie-Theres ist auch eine gute Wünscherin. Sie hat sich eine sehr gute Note in der Schule gewünscht. Und wie sie das gemacht hat, ist wirklich super!

In Mathe eine Eins

Liebe Michaela, lieber Pierre,

ich möchte euch eine schöne Wunsch-Geschichte meiner 15-jährigen Tochter Marie-Theres erzählen:
Marie-Theres fällt Mathe wirklich nicht leicht, die Zensuren sind zwar passabel, aber nicht berauschend. Und so stellte sie sich vor, wie es wäre, eine Eins in Mathe zu schreiben, wie es sich anfühlte und wie glücklich sie mit einer Eins wäre.
Sie schrieb auf einen Zettel eine »1« und steckte ihn in ihre Federmappe.

Während der Mathearbeit holte sie den Zettel immer wieder hervor und sah sich die »1« an.

Die Lehrerin vermutete zuerst einen Spickzettel, als sie das sah. Marie-Theres erklärte ihr jedoch, dass das ihr Wunschzettel sei. Und so durfte sie ihn weiter benutzen.

Sie ging mit dem Glücksgefühl, eine Eins geschrieben zu haben, nach Hause.
Wenige Tage später wurden die korrigierten Arbeiten verteilt und Marie-Theres bekam die Sondererlaubnis, mich vom Handy aus anzurufen: Sie hatte tatsächlich eine Eins geschrieben! Das gab es noch nie!
Meine Tochter war so glücklich und sagte zu mir:
»Es funktioniert, ich muss es mir nur wünschen und fühlen!«
Und so stellte sie diesen Wunsch und dieses Gefühl immer wieder her.
Auf ihrem Zeugnis steht jetzt im Fach Mathematik eine Eins!
Und ich staune trotz allem immer wieder darüber.

Monika

Auch Malin hat mit dieser Technik schon Erfolg:

Malin will alles richtig haben

Lieber Pierre Franckh,

ich bin zwar erst elf Jahre alt, lese deine Bücher aber schon total gerne. Hier ist meine Wunschgeschichte:
Am 23. September 2014 stand meine erste Französischarbeit an. Ich war total aufgeregt.
Um sicherzugehen, dass alles klappt, hatte ich mir gewünscht, alles, was in der Arbeit vorkommt, zu schaffen und dafür eine Eins zu bekommen.

Als ich die Arbeit nach mehreren Tagen zurückbekam, war ich total glücklich, weil es tatsächlich eine Eins geworden ist.
Das werde ich in Zukunft öfter bei Arbeiten machen!

Malin

Ob wir das Universum darum bitten oder mithilfe unserer Schutzengel wünschen oder einfach unserer mentalen Kraft vertrauen – sehr oft werden uns beim Wünschen Unterstützer zur Seite gestellt, wie auch das Beispiel von Nicola zeigt:

Helft meiner Tochter und steht ihr bei!

Lieber Pierre Franckh,

auch ich bin eine begeisterte Leserin Ihrer Bücher, die mir in vielen Lebenslagen geholfen haben. Sie gehören zusammen mit Louise Hay zu den Autoren, bei denen man das Gefühl hat, sie wollen einem wirklich helfen, so als ob Sie hinter einem stünden und einem gut zureden.
An meiner Wunsch-Geschichte kann man sehen, wie exakt das Universum liefert.
Meine jüngere Tochter, zu der Zeit 14 Jahre alt, wurde in der Schule sehr gemobbt und ausgelacht, wenn sie nur den Mund aufmachte. Freundinnen hatte sie dort nicht.
Nun sollte sie ein Referat im Englischunterricht halten, und zwar frei und in englischer Sprache.

Sie hatte fürchterliche Angst davor, wieder ausgelacht zu werden, und der Englischlehrer war sehr streng.
An jenem Tag ging sie nun vollkommen verängstigt zur Schule, zudem war sie nicht gut vorbereitet, da sie vorher einige Arbeiten in anderen Fächern schreiben musste.
Sie tat mir unendlich leid, und da ich ihr ja nicht helfen konnte, rief ich:

»Liebe Schutzengel, wenn es euch wirklich gibt, dann helft meiner Tochter und steht ihr bei!«

Nach der Schule kam meine Tochter vergnügt nach Hause.
Sofort fragte ich sie nach dem Referat, und sie erzählte mir, der Englischlehrer habe sie gleich zu Beginn der Stunde Vokabeln abgefragt. Da sie wegen des Referats nicht darauf vorbereitet war, erhielt sie eine mündliche Note 6.
Vollkommen entmutigt sank sie in sich zusammen, unvorstellbar für sie, nach diesem Beginn der Stunde noch ein Referat halten zu müssen.
Plötzlich, völlig ungewöhnlich für diese Klasse, standen zwei Mädchen auf und sprachen den Lehrer an. Sie machten ihn darauf aufmerksam, wie verzweifelt meine Tochter nun wäre und wie ungerecht seine Note doch sei.
Dieser Lehrer, in der ganzen Schule bekannt dafür, auch ungerechte Noten niemals zu ändern, strich nun nicht nur die mündliche Note aus seinem Buch, er sagte meiner Tochter auch, sie bräuchte das Referat nicht zu halten, sie könne das auch eine Woche später tun.

Als mir meine Tochter das erzählte, wusste ich: Schutzengel gibt es wirklich!

Nicola

Mehrere Wünsche gleichzeitig anzugehen ist etwas, mit dem wir durchaus vertraut sind. Schließlich halten wir viele Dinge zur gleichen Zeit für möglich und schenken ihnen beständig unsere Aufmerksamkeit. Unser ganzes Leben basiert auf unseren Annahmen und Glaubensmustern. Nur so haben wir die Arbeitsstelle bekommen, einen Partner, Kinder, die Wohnung etc. Entziehen wir einem dieser Dinge unsere Aufmerksamkeit, wird deren Anteil in unserem Leben schwächer und irgendwann ganz aus unserem Leben verschwinden. Dann bekommt jemand anderer die Arbeitsstelle, den jetzigen Partner oder unsere alte Wohnung.

Bei mehreren Wünschen gleichzeitig ist es allerdings grundsätzlich wichtig, dabei stets eine positive Grundhaltung entstehen zu lassen. Es spielt dann keine Rolle, ob wir schon viel Übung im erfolgreichen Wünschen haben oder Anfänger sind, wie die Geschichte von Karin zeigt.

Karin hatte viele Wünsche auf einmal

Sehr geschätzter Herr Pierre Franckh!

Heute sitze ich am Strand von Kefalonia in Griechenland und genieße mein schönes Leben, zu dem Sie sehr viel beigetragen haben.
Zum Geburtstag bekam ich Ihr Buch *Erfolgreich wünschen* geschenkt. Es war genau zum richtigen Zeitpunkt, denn bereits einen Tag danach geschah ein furchtbarer Schicksalsschlag. Mein geliebter Bruder erlitt eine Gehirnblutung. Da nur ca. 30 Prozent eine Gehirnblutung überleben, geriet meine sonst recht positive Einstellung ins Wanken.
Da nahm ich Ihr Buch zur Hand und las es in einem Stück aus.
Und plötzlich war ich mir 1000-prozentig sicher:

»Mein Bruder wird wieder ganz gesund und bleibt auch in seinem Wesen der »Alte«.

Fünf Monate später folgte die vollkommene Genesung, keinerlei körperliche Einschränkungen oder Wesensveränderungen.
Außer seine gezeigte Dankbarkeit unserer gesamten Familie gegenüber: für die positive Energie, die er von uns allen erhalten hat.

Mein nächster Wunsch:

»Eine kleine Geldspritze für den Wohnzimmerumbau.«

In einem Möbelgeschäft bestellten mein Mann und ich neue Vorhänge, dabei übersahen wir den Geschäftsschluss. Schnell zur Kasse, die Anzahlung leisten und den Plastikschlüssel für ein Autogewinnspiel abgeben. Das dafür zuständige Fräulein war schon beim Ausgang auf dem Nachhauseweg und nahm ihn etwas widerwillig entgegen.

Eineinhalb Wochen später – mein Gewinn: ein Citroën C2.

Jetzt machte mir noch unser Ferienhaus Sorgen. Aus Zeitmangel schafften wir die viele anfallende Arbeit kaum noch. Es wurde mehr Belastung als Freude. Es zum Verkauf anbieten? Nicht nötig – wünschen geht doch auch.
Im Januar dieses Jahres riefen uns zwei Interessenten an. Einer von ihnen, ein Bekannter, kaufte es. Bei ihm ist unser Haus in guten Händen, und er hat uns Besuchsrecht angeboten.
So vieles hat sich in eineinhalb Jahren an Positivem in meinem Leben ereignet, wofür andere ein Leben lang brauchen. Doch das Schönste ist meine 30-jährige harmonische Partnerschaft und ein großartiger 23 Jahre alter Sohn.

In Ihrem Buch (ich bekam es zu Ostern von einer Freundin) *Wünsch es dir einfach – aber richtig* ist unter anderem der Partnerwunsch beschrieben. In meinem Exemplar fehlen genau in diesem Kapitel zwölf Seiten! Ich ließ sie in der Buchhandlung kopieren und las sie nach. Jetzt weiß ich, warum sie fehlten!

Ich fand vor 30 Jahren den richtigen Partner!

Es war mir wichtig, Ihnen mitzuteilen, wie erfolgreich Ihr »Positivsein« auf mich wirkte, und ich möchte Ihnen danken, dass Sie mich und jeden, der es möchte, daran teilhaben lassen.

Karin

Kleine und große Wunder

Überraschungen

Manche Wünsche erfüllen sich auf ganz unvermutete Weise. Das müssen sie auch. Denn wüssten wir die Lösung, dann wären wir doch längst in diese Richtung gegangen.
Da wir keine Ahnung haben, wie das Universum uns den Wunsch erfüllen wird, gilt es, einfach nur offen zu sein, welche Dinge an uns herantreten werden.
Wie wäre es zum Beispiel mit einer ungewöhnlichen Lieferung im Eisschrank?

Wie Andrea Zugtickets an einem ganz unmöglichen Ort fand

Lieber Pierre Franckh,

Wünschen funktioniert offensichtlich auch, ohne dass man sich dessen bewusst ist. Vor ca. drei Wochen hatte ich durch einen Zwischenaufenthalt in Hannover Gelegenheit, dort in eine Buchhandlung zu gehen (meine Lieblingsbeschäftigung). Da fiel mir Ihr Buch *Das Gesetz der Resonanz* in die Hand. Ich wusste nicht, dass ich so viele Fragen gestellt hatte, gemessen an den Antworten, die ich dort fand. Daraufhin hatte ich mir vorgenommen, gelegentlich mal auf Ihre Homepage zu gehen.
Ich war völlig fasziniert und sehr berührt von den Bildern und Texten zum letzten *Erfolgreich Wünschen*-Seminar. Ja, in erster Linie war ich berührt über so viel Miteinander und Offenheit trotz der scheinbar so gro-

ßen Gruppe. Die Energie, die dort gewesen sein musste, schwappte förmlich zu mir rüber, die gute Resonanz war spürbar.
Kurzerhand habe ich meinen Mann auf der Arbeit angerufen, um ihn zu fragen, ob er mitkommt. Innerhalb kürzester Zeit haben wir unseren Urlaub geregelt und dann war es meine Aufgabe, eine günstige Zugverbindung zu finden. Da wir uns so kurzfristig entschieden hatten, gab es im Internet nicht mehr wirklich günstige Angebote. Überall traf ich auf den Preis von 236 Euro.
Schlagartig wurde mir die finanzielle Verrücktheit dieses Unterfangens klar. Es war, als ob der Luftballon, noch bevor er losfliegen konnte, plötzlich alle Luft verlor. Der Verstand hatte eingegriffen und die Regie übernommen.
Also alles wieder zurück… so ein Vorhaben geht ja gar nicht in meiner sich abzeichnenden finanziellen Situation (Kurzarbeit). Ich habe meinen Mann angerufen, der meinte, wir sollten uns nicht an eine Zahl von 236 Euro hängen, hatte es aber mir überlassen zu entscheiden. Ich war schon auf dem Weg zum Bahnhof gewesen, um einfach mal nachzufragen, bin aber auf halbem Weg wieder umgedreht.
Einen halben Tag lang und auch nach der darauffolgenden Nacht war mein Gefühl nicht dazu zu bewegen, es trotzdem zu machen. Da meine Laune auch am nächsten Morgen nicht besser war, habe ich zum bewährten Mittel gegriffen.

Ich habe einfach weiter in Ihrem Buch gelesen.

Na, jedenfalls ist mein Gefühl wieder wach geworden.
So, wie ich war, bin ich zum Bahnhof. Vielleicht würden die ja doch noch etwas Günstigeres finden, und sonst werden wir eben nach dem Motto »No risk, no fun« für 236 Euro fahren. Ich schilderte der Frau am Schalter mein Anliegen in allen Variationen, mit Möglichkeiten von Freitag auf Sonntag, Donnerstag auf Sonntag, Freitag oder Donnerstag auf Montag und mit meinem Favoriten, von Freitag auf Montag zu fahren.
Sie schaute mich an und ließ mich reden. »Hm«, sagte sie, »ich schaue mal erst für eine Person, das ist einfacher, und erzähle Ihnen später, warum … Ja, hier gibt es eine Verbindung, am Freitag hin, am Montag zurück, Sparpreis 50 für 90 Euro. So, und jetzt zu Ihrem Mann. Es läuft gerade eine Aktion von einem namhaften Süßigkeitenhersteller und der Deutschen Bahn. Der Süßigkeitenhersteller hat Sammelpunkte auf den verschiedenen Sorten von Süßigkeiten im Kühlregal. Fünf davon benötigen Sie, um damit einen Freifahrtgutschein von der Deutschen Bahn zu bekommen. In Ihrem Fall also zehn Sammelpunkte. Sie kommen also für 90 Euro und dem Wert der entsprechenden Süßigkeiten mit zwei Personen nach München und zurück.«
Der Weg vom Bahnhof ging dann direkt in den Supermarkt.

Dort habe ich die zweite Fahrkarte für 6,96 Euro gekauft!

Das hat mir wirklich Spaß gemacht, besonders das Gesicht meines Mannes, als ich ihm sagte, seine Fahrkarte läge im Kühlschrank.
Ich war zunächst sehr verwundert über dieses »Ergebnis« meines Wunsches. Aber klar, ich erinnere mich noch sehr gut an mein intensives Gefühl der Gewissheit: »Da will ich hin!«

Andrea

Wünsche können sich überraschend erfüllen. Aber wie ist das mit Tieren? Reagieren auch sie auf unsere Wunschenergie?

Die Katze, die vom Himmel fiel

Lieber Pierre!

Zunächst einmal vielen Dank für deine Tätigkeit als Buchautor – und als Coach, was ich am letzten Freitag zum ersten Mal erfuhr, nachdem ich im Buchladen neben meiner Arbeitsstelle schon seit ca. zwei bis drei Wochen den unwiderstehlichen Drang verspürte, dein Buch *Wünsch es dir einfach – aber richtig!* zu kaufen. Was für eine lebensverändernde Tat!
Obwohl ich in meinem Beruf viel lesen muss (ich bin Juristin) und mir daher öfter Bücher kaufe, die ich dann nur teilweise lese, war es bei deinem etwas anderes.
Jetzt aber zur Erfolgsgeschichte »Butzi«, die, wie ich meine, eine ganz bezaubernde ist und mir geholfen hat,

mein Leben zu verstehen (warum etwas bisher passiert ist oder eben nicht):
Ich bin ein sehr tierliebender Mensch und hätte schon als Kind gerne ein Haustier gehabt, aber leider bekam ich »nur« eine Schildkröte, die ich zwar heiß liebte, die aber aufgrund falscher Haltung nach zwei Jahren verstarb.
Seltsamerweise hatte ich bis zu meinem 36. Lebensjahr (jetzt bin ich 39) nie einen Hund oder eine Katze, wie ich es mir eigentlich gewünscht hätte, aber aufgrund des Angebundenseins nie gestattete.
Nachdem ich mit 35 meinen derzeitigen Lebenspartner kennengelernt habe, überlegten wir hin und her: Katze oder Hund oder doch gar nichts wegen der Belastung?
Aber mein Wunsch war inzwischen so stark geworden, dass ich meinen Partner mit ins nahe gelegene Tierheim schleifte, wo wir einige Male Hunde ausführten.
Zu einem Hund konnten wir uns nicht entschließen, da wir beide arbeiteten. Mein Mann hatte sich allerdings in einen Kater verliebt, aber wir zögerten noch, ihn mitzunehmen.

Doch der Wunsch nach einer Katze blieb und wurde von Tag zu Tag stärker.

Zehn Tage vor Weihnachten saßen wir in unserer damaligen Erdgeschosswohnung und ich lüftete die Küche, während wir im Wohnzimmer saßen. Plötzlich hörten wir einen lauten Knall, so als wäre etwas Schweres hinuntergefallen. Wir liefen in die Küche – und da saß sie: die süßeste schwarz-weiße Katze (die Farbe war der Wunsch

meines Mannes), die ich je gesehen hatte. Sie war hungrig und wartete miauend vor dem Kühlschrank, wo wir ihr drei Frankfurter Würstchen gaben, da wir natürlich kein Katzenfutter hatten.
Es stellte sich heraus, dass das zehn Monate alte Kätzchen einem Nachbarn gehörte, dem sie lästig geworden war und der sich schlecht um sie kümmerte.
Ich rief sie »Lisa«, aber sie hörte nur auf den davor gegebenen Namen Butzi. Und so kam Butzi vor drei Jahren in unser Leben und ist daraus nicht mehr wegzudenken.

Sabine

Kann man Wünsche auch beschleunigen? Wenn wir tatsächlich sogar die unmöglichsten Wünsche real werden lassen können, dann fragt man sich natürlich, was noch alles möglich wäre. Nur als Beispiel: Lass uns doch mal den ADAC etwas beschleunigen.

Wie ein Mann zwei Stunden Wartezeit auf vier Minuten verkürzte

Lieber Pierre,

ich habe alle Ihre *Wünsch es dir einfach*-Bücher gelesen.
In dem Buch *Wünsch es dir einfach – aber mit Leichtigkeit* schreiben Sie, man soll mit den kleinen Wünschen anfangen.
Ich hatte am Sonntag auf der Autobahn einen platten Reifen und musste auf den ADAC warten. Man sagte

mir am Telefon, es könne ein bis zwei Stunden dauern, bis jemand kommt. Nach einer halben Stunde wurde ich sehr ungeduldig und dachte an Ihr Buch.
Dann habe ich einfach mal einen Wunsch formuliert:

In den nächsten fünf Minuten steht der Mensch vom ADAC hier bei mir und meinem kleinen, roten Auto.

Ich bedankte mich beim Universum und hatte sofort ein ganz sicheres Gefühl! Tja, was soll ich sagen? Vier Minuten später stand der Mann vom ADAC tatsächlich vor meinem Auto und hat mir geholfen.
Ich kann mich immer wieder nur beim Universum und bei Ihnen für diese tollen Bücher bedanken!

Dieter

Kann man sich gesund wünschen?

Mit unserer mentalen Kraft können wir oftmals mehr erreichen, als wir ahnen. Wir können damit auch unsere Selbstheilungskräfte unterstützen. Natürlich sollte man immer einen Fachmann – Arzt oder Heilpraktiker – seines Vertrauens konsultieren, aber wie großartig unsere mentale Kraft bei der Gesundung mitwirken kann, zeigen die nächsten wundervollen Geschichten.

Ein gesundes Gehör, bitte!

Lieber Pierre!

Obwohl ich eigentlich kein Buch brauchte, ging ich spontan in eine Buchhandlung und sah dort »zufällig« dein Buch. Ich kaufte es und las es innerhalb weniger Tagen durch …
Wenn das wirklich stimmte, was darin stand, dachte ich mir – und die Geschichten hielt ich für plausibel –, könnte ich mir doch meinen Tinnitus wegwünschen, der mich schon seit zwei Jahren plagt.
Der Ohrenarzt stellte damals eine Hörschwäche fest, die ich von meinem Vater geerbt hätte. Also eigentlich ein unmöglicher Wunsch. Und doch versuchte ich es: Jeden Abend vor dem Einschlafen und morgens vor dem Aufstehen wünschte ich mir ein intaktes und vollständig gesundes Gehör und bedankte mich bei den »Medizinengeln« dafür. Und siehe da – es ist unglaublich: Der Tinnitus ist so zurückgegangen, dass er mich nicht mehr

beeinträchtigt in meinem täglichen Leben. Ich nehme ihn nur noch wahr, wenn ich besonders darauf achte. Ich bin überzeugt und glaube, dass er in Kürze ganz verschwinden wird.

Ich danke dir dafür, dass du *Erfolgreich Wünschen* so aufgeschrieben hast, dass es echt einfach anzuwenden ist. Und ich danke dem Universum, dass es diese unglaubliche Möglichkeit für uns Menschen geschaffen hat.

Marius

Erfolgreich Wünschen ist eine sehr effektive Form von zielorientiertem Denken. Hierbei sind natürlich Affirmationen sehr hilfreich. Affirmationen sind positive Glaubenssätze für unser Gehirn, die auch sehr individuell auf uns zugeschnitten sein dürfen. Manchmal kommen auf diese Weise sehr ungewöhnliche Formulierungen zustande.

Ich lasse mich scheiden ... von meinem Heuschnupfen

Lieber Pierre, liebe Michaela,

ich muss es euch einfach schreiben: Ich habe meinen Heuschnupfen weggewünscht, nach 25 Jahren bin ich nahezu beschwerdefrei! Und das kam so:
Am Karfreitag nach meinem Saunabesuch brach mein alljährlicher Heuschnupfen mit einer unbeschreiblichen Macht über mich herein. Ich wusste gar nicht wohin vor

lauter Niesen, Naseputzen, Husten etc. Nach der ersten Verzweiflung bekam ich eine solche Wut darüber, dass es mir immer noch nicht gelungen war, mich davon zu befreien.
Dazu kam, dass mein über viele Jahre hilfreiches Medikament plötzlich keine Wirkung mehr zeigte. Ich tobte und fluchte also: »So ein Mist, 25 Jahre mit dieser Scheißallergie! Meine Ehe hat nur elf Jahre gehalten, und mit dem Heuschnupfen habe ich jetzt Silberhochzeit!«
Am Ostermontag fuhr ich zu einem Kurzurlaub ins Oberbergische Land. Unterwegs rief mein Bruder an und sagte mir, dass seine Frau und er sich getrennt haben. Und ich dachte: »Schade, diesen Monat haben die beiden Silberhochzeit!« Und das war offenbar das Stichwort. Denn dann kam mir der aberwitzige Gedanke:

Ich lasse mich von meiner Allergie scheiden.

Im Hotel hatte ich Zeit, mir eine passende Affirmation zu »basteln«. Ich probierte verschiedene Variationen. In der Apotheke holte ich mir noch ein lokales Mittel für Augen und Nase, das ich zu Beginn meiner Affirmation viermal täglich anwendete. Meine Beschwerden gingen sehr schnell zurück. Meine Affirmation war/ist immer gegenwärtig, und beim kleinsten Zweifel – der inzwischen kaum noch spürbar ist – wende ich sie an.
Ich sitze stundenlang im Garten oder im Straßencafé, habe nachts das Fenster offen und nehme das Medikament zur Vorsicht noch morgens und manchmal abends. Ich bin geheilt, da bin ich sicher.

25 Jahre lang war ich ab April mit Medikamenten vollgepumpt, um überhaupt existieren zu können.

Jetzt bin ich zum zweiten Mal glücklich geschieden.

Danke für eure wunderbare Arbeit! Wenn ihr wüsstet, wie ich war, bevor ich *Erfolgreich Wünschen* gelesen habe! Eine geborene Berufspessimistin, immer nörgelnd, klagend, jammernd, ohne Perspektive.

Simone

Es ist immer wieder beeindruckend, wie wir durch unsere mentale Kraft unsere Selbstheilungskräfte aktivieren können.

Wie sich Christine eine chronische Krankheit wegwünscht

Lieber Pierre,

es ist tatsächlich ein irres Wunder geschehen, ich kann es noch gar nicht fassen: Vor über 20 Jahren wurde ich von unserem »Familienerbe« erfasst, einer chronischen Krankheit, die angeblich, laut aller Schulmediziner, unheilbar ist (Diabetes, ein schwieriger »Zwischentyp«, genannt LADA).
Ich hatte wirklich auch viele, viele Folgeschäden, weil diese Form des Diabetes zu spät erkannt wurde, und war dadurch richtig behindert in allen Tätigkeiten.

Als ich vor Kurzem eine TV-Sendung sah, in der von einer Spontanheilung berichtet wurde, sagte ich laut vor mich hin:

»So eine Spontanheilung kann ich auch gebrauchen!«

Denn mittlerweile waren wieder einmal mehr lästige Dinge zu der ursprünglichen Erkrankung dazugekommen.
Und was soll ich sagen? Es ist unglaublich, aber wahr: Ich litt unter ziemlich schlimmen Rückenschmerzen und musste in die »Röhre«, um die Ursache zu finden: zwei beidseitige alte Bandscheibenvorfälle, die auf meinen Ischiasnerv drückten und so die schlimmen Schmerzen auslösten. Das war zwar nicht gut, aber mit einer guten Physiotherapie in den Griff zu bekommen.
Das Ulkige dabei: Der Arzt, bei dem ich in der Röhre war, meinte, eine konservative Therapie genüge, aber der Orthopäde hier erklärte mir, ich müsse operiert werden und mit einer Platte und Schrauben im Rücken weiterleben! »Nein«, sagte ich nur, und daraufhin war er stocksauer!
Ich suchte mir einen Physiotherapeuten, der gleichzeitig Osteopath ist. Er wusste sofort, was er tun musste, und bearbeitete meinen Rücken.
Kurz nach der dritten Behandlung kam ich in einen schlimmen Unterzucker, den ich mir nicht erklären konnte. Damit kann ich umgehen, weil das hin und wieder vorkommt. Aber als nach weiteren Behandlungen immer wieder das Gleiche geschah, sprach ich darüber mit meinem

Therapeuten. Er sagte mir, dieses Phänomen kenne er – die Bauchspeicheldrüse sei wohl zur Arbeit angeregt worden! Und tatsächlich: Der Diabetologe erzählte mir vor Jahren, als ich anfangen musste, Insulin zu spritzen, dass meine Bauchspeicheldrüse »tot« sei – oh nein, sie wurde regelrecht erschlagen durch das viele Insulin.

Und nun arbeitet die Bauchspeicheldrüse wieder – und wie!

Ich spritze mittlerweile nicht einmal mehr die Hälfte der Insulineinheiten, sondern weit, weit weniger, und fühle mich viel besser. Für mich ist das ein Wunder und ich bin so unendlich dankbar dafür. Außerdem zeigt es mir, was eine konservative Behandlung alles vermag. Zudem ist es ein Zeichen für mich, dass auch mein Rücken wieder besser wird.
Mein Diabetologe hat nur über mich gelacht, wahrscheinlich hält der mich für eine Spinnerin, ist egal – die Fakten zählen!

Christine

Und hier zum Abschluss noch so ein Fall, der uns zeigt, was alles möglich ist.

»Du, Krebs, bekommst mich nicht!«

Lieber Pierre,

Hier meine ganz persönliche Wunschgeschichte: Im August 2001 stellte ich selbst einen Knoten in meiner Brust fest. In dem Moment wusste ich sofort, dass das nichts Gutes bedeutet. Vier Tage später wurde mir mein Verdacht bestätigt: Ich hatte Brustkrebs. Anfangs war ich sehr bestürzt und weinte viel.
Ich kam ich dann zwei Tage später in eine Klinik, die auf Unterleibs- und Brustkrebs spezialisiert ist. Von dem Moment an war mein Leitsatz: »Du (der Krebs) bekommst mich nicht.« Mehrfach am Tag habe ich mir immer wieder vorgesagt:

»Ich erfreue mich absoluter Gesundheit.«

Und es wirkte! Die drei Chemo-Zyklen habe ich trotzdem mitgemacht, hatte jedoch keinerlei Nebenwirkungen, sondern mir ging es blendend. Drei Tage vor meiner OP musste ich noch einmal zum Ultraschall … und siehe da, es war kein Tumor mehr zu sehen! Mein Arzt war sehr erstaunt darüber, ich schmunzelte nur und dankte Gott für die Erfüllung meines Wunsches.
Im Nachhinein höre ich immer wieder: »Du bist da durchgegangen, als hättest du einen Schnupfen.«
Ja, weil ich an meinen Wunsch geglaubt habe.

Ilona

Zu Hause und unterwegs

Ein neues Domizil muss her!

Die Lebensumstände haben sich geändert. Die Kinder sind aus dem Haus und wir möchten uns verkleinern, oder wir bekommen Nachwuchs und benötigen mehr Platz. Oder wir wollen in eine andere Stadt oder einfach nur in eine andere Straße ziehen. Oder wir trennen uns von unserem Lebenspartner. Oder wir möchten endlich eine Wohnung mit Aussicht. Oder mit einem Lift. Oder mit einem großen Gartenanteil.
Warum nicht unsere Wunschenergie, das Universum, oder unsere Engel dafür arbeiten lassen?

Für was auch immer wir uns entscheiden, sobald wir gezielt unsere Wünsche angehen, wird sich unser Wahrnehmungsfilter erweitern und wir werden Lösungen finden. Ganz wichtig dabei ist aber, dass wir uns so präzise und detailliert wie möglich klar darüber werden, wie unsere neue Bleibe aussehen soll.
Denn beim Wünschen ist Präzision gefragt. Je genauer unsere Vorstellung von der neuen Wohnung ist, umso gezielter kann unser Unbewusstes für uns arbeiten.
Ebenso wichtig ist es, stets offen für die sogenannten Zufälle zu sein, denn manchmal geht die Wunscherfüllung Wege, die man sich nicht ausdenken kann.
Und natürlich spielt dabei auch das Vertrauen eine wesentliche Rolle.
Seraphina zum Beispiel hatte tiefes Vertrauen in die Erfüllung ihres Wunsches – so tief, dass sie ihre Wohnung bereits gekündigt hat, ohne eine neue zu haben.

Die richtige Wohnung zur richtigen Zeit

Lieber Herr Franckh!

Ich muss Ihnen nun einfach mal schreiben. Ich habe drei Wunsch-Bücher von Ihnen zu Hause und sie mehrmals gelesen. Und auch schon einige Erfolge zu verzeichnen. Hier kurz zusammengefasst meine *Lieblinge*.
Ich habe meine Wohnung durchs Wünschen bekommen! Und zwar ist meine Wohnungspartnerin letzten Herbst nach Griechenland ausgewandert. Ich wollte nicht alleine in der 4-Zimmer-Wohnung bleiben und auch nicht so viel Miete bezahlen. Da die Wohnung nur 30 Sekunden von meiner Arbeitsstelle entfernt liegt und ich den Stil der Bauten sehr mag, wollte ich natürlich nicht weit weg ziehen. Eigentlich gar nicht aus der Genossenschaft raus.

Ich habe mir darum gewünscht, dass ich eine 2,5-Zimmer-Wohnung im gleichen Komplex zur richtigen Zeit bekomme.

Mein ganzes Umfeld hat sehr gezweifelt, und als ich die alte Wohnung gekündigt habe, ohne eine neue Bleibe zu haben, ist meine Mutter fast durchgedreht. Aber ich habe mich nicht beirren lassen und ganz locker daran geglaubt, dass es sich richten wird.
Kurz vor der Frist, die ich dem Wunsch gesetzt habe, läutete es an unserer Türe. Der Nachbar von schräg oben stand vor mir. Er sagte mir, dass seine Freundin gerade in den USA ist und im Internet gesehen habe, dass unsere

Wohnung ausgeschrieben sei. Sie wollten zusammenziehen, aber er nicht aus der Wohngegend weg. Er selber lebte in einer 2,5-Zimmer-Wohnung im ersten Stock (wir im Erdgeschoss).
Am Ende haben wir die Wohnungen getauscht! Er und seine Freundin haben die 4-Zimmer- und ich die 2,5-Zimmer-Wohnung! Ich habe kein einziges Inserat angeschaut und genau die Wohnung, die ich wollte, bekommen! Nicht einmal die Hausnummer hat sich geändert!
Der Nachbar hat sehr blöd geguckt, als ich mich gefreut habe wie ein Honigkuchenpferd.
Danke für Ihre tollen Bücher!

Seraphina

Die nächste Geschichte beschreibt in meinen Augen sehr eindrucksvoll, wie *Erfolgreich Wünschen* auch funktionieren kann.
Die Erfüllung eines Wunsches ist nicht zeitlich gebunden. Ein Wunsch kann sich auch viel später – und auch ganz unerwartet – erfüllen, wie bei Karina.

Wie sich Karina ihre Wohnung aus der Kindheit wünschte

Liebe Michaela, lieber Pierre,

ich weiß nicht, ob meine Wunsch-Geschichte außergewöhnlich ist. Und man kann sie nirgends erzählen, da die meisten Menschen nicht daran glauben.

Frisch von meinem Exfreund getrennt, zog ich wieder zu meiner Mutter. Ich lag depressiv auf der Couch rum, dachte, ich hätte Herzprobleme. Waren es ja auch, nur keine organischen. Heute weiß ich: Es war der Beginn einer Cardiophobie.
Ich hatte schon vom Wünschen gehört, meine Freundin hatte mir euer Buch geliehen. Aber irgendwie klang das alles unglaublich. Andererseits, was hatte ich zu verlieren? So überlegte ich, was ich wirklich brauchen würde, um wieder auf die Beine zu kommen. Eine Wohnung sollte es sein. Aber kaufen oder mieten? Ich grübelte lange, was das Richtige für mich wäre, entschied mich aber dann dafür, dem Universum die Entscheidung zu überlassen.
So zündete ich eine Kerze an, setzte mich im Schneidersitz davor, schloss die Augen und schickte meine Bestellung ab:

Ich wollte meine Wohnung, in der ich mich einfach pudelwohl und wirklich zu Hause fühle.

Das Universum würde wissen, was gut für mich ist. Da ich das Ganze nicht sehr ernst nahm, vergaß ich die Bestellung, suchte aber weiter nach einer Wohnung. Eine Anzeige in der Zeitung machte mich stutzig: Dachgeschoss, 60 Quadratmeter, in der nächsten Stadt, zu verkaufen für 28 500 Euro. Für den Preis musste es eine Bruchbude sein. Oder ein Druckfehler? Egal. Anschauen kostet ja nichts. Es standen fünf Wohnungen zur Auswahl, der Hausmeister zeigte mir alle. Und genau eine war wie für mich gemacht. Er stieß die Tür auf, ich sah den Flur und hatte sofort das Gefühl: Hier bin ich daheim!

Ich habe sofort reserviert und gleichzeitig einen befreundeten Bauingenieur informiert, er möge doch die Wohnung besichtigen. Kein Haken! Zwar ein Altbau, aber alles in Ordnung.
Also kaufte ich, stellte noch fest, dass die Wohnung im November noch 50464 Euro gekostet hatte. Aus einem mir nicht bekannten Grund war sie im »Sonderangebot«. Durch eine glückliche Fügung bot sich dann noch mein Onkel an, die Wohnung zu renovieren. Er war fünf Monate beschäftigt und hat wirklich alles supertoll hinbekommen. Es ist alles so schön geworden! Ich kann mir gar nicht vorstellen, hier je wieder wegzugehen.

Ich habe ein echtes Gefühl von Heimat!

Die Nachbarn sind alle nett, es ist sehr familiär hier. Ein kleiner Garten ist auch dabei. Alles, was ich zum Wohlfühlen brauche!
Und nachdem ich schon hier wohnte, wurde mir plötzlich bewusst: Mein Wunsch ist in Erfüllung gegangen!
Ich hätte mich nie getraut, eine Wohnung zu kaufen, aber klar! Ich hatte mir ja gewünscht, dass ich mich wohl- und sicher fühle. Das hätte ich in einer Mietwohnung nicht gekonnt. Zum marktüblichen Preis hätte ich mir nie eine Eigentumswohnung leisten können, aber so …
Als ich ein paar Wochen hier wohnte, kam ich abends mit dem Auto nach Hause, sah das Haus an und plötzlich hatte ich ein Déjà-vu: Na klar, ich war als Kind mit meinen Eltern hier. Ich saß hinten im Auto, mein Vater suchte nach einem Parkplatz. Ich betrachtete damals die

Häuser und dachte: »Hier möchte ich mal wohnen!« Bei dem Gedanken trieb es mir die Tränen in die Augen! Ein Kindheitstraum ist in Erfüllung gegangen, einfach so. Bin ich froh, dass mir das wieder eingefallen ist!
Inzwischen wohne ich schon sechs Jahre hier. Ich fühle mich immer noch sehr wohl und bin mir sicher, dass diese Wohnung das Beste ist, was mir bisher passiert ist. Und auch in meiner persönlichen Entwicklung habe ich hier die größten Schritte gemacht. Einfach toll!

Karina

Noch Fragen offen? Wenn ja, dann hilft vielleicht die folgende Geschichte von Verena. Denn auch sie hatte einen ganzen Katalog an Dingen, die ihre gewünschte Wohnung erfüllen sollte. Und das, obwohl sie gerade eine Insolvenz hingelegt hatte, alleinerziehende Mutter war und als Mitbewohner noch einen Hund und ein Kaninchen mitbringen wollte. Wie heißt es so schön? Wenn gar nichts mehr geht, Wünschen geht immer!

Verena und ihre ganze Liste an Vorstellungen

Guten Abend Herr Franckh,

nach langer Zeit habe ich mir Ihr drittes Buch zwecks »Wunscherfüllung« gekauft und mal wieder innerhalb eines Tages verschlungen. Für so viel Freude und Zuversicht, die Sie mit Ihren Büchern weitergeben, erst einmal vielen, vielen Dank!

Zu meiner Geschichte:
Ich lebe seit zwei Jahren mit meinem Sohn wieder in der Stadt, in der ich zwar großgeworden bin, aber nicht immer glücklich war. Auch jetzt nicht. Ich kündigte die Wohnung bereits, ohne einen neuen Mietvertrag in der Hand zu halten. Mein Wunsch war es, in Arbeitsnähe (ich arbeite in Köln, rechtsrheinisch) eine größere Wohnung mit Badewanne, Balkon oder Garten, mit Tierhaltungserlaubnis und gut bezahlbarer Gesamtmiete, kinderfreundlicher Nachbarschaft, Grundschule in der Nähe und die Möglichkeit der Nachmittagsbetreuung für meinen Sohn zu finden. Und das recht schnell, da ich wenig Lust hatte, Dutzende Wohnungen anzuschauen.

Den Wunsch hatte ich aber nur in meinem Kopf. Ich habe ihn nie aufgeschrieben.

Ich stöberte im Internet, verglich dort einige Wohnungen, aber die meisten passten nicht. Viele waren von den Fotos her recht schön, kamen aber aus dem einen oder anderen Grund nicht infrage. Bis ich schließlich eine fand, die passte, aber noch zu renovieren war. (Wozu arbeite ich eigentlich seit knapp zwei Jahren in einer Sanierungsfirma?!)
Ich rief am Dienstag bei der Hausverwaltung an, bekam die Nummer der jetzigen Mieterin, rief dann direkt bei ihr an und vereinbarte einen Besichtigungstermin für den nächsten Tag. Am Donnerstag stand ich bei der Hausverwaltung auf der Matte und gab die übliche Selbstauskunft ab. Knackpunkt hätte meine Insolvenz sein kön-

nen, außerdem bin ich alleinerziehende Mutter, habe einen Hund und zwei Kaninchen. Am Freitag wollte mir der Sachbearbeiter die Info geben, ob mich die Hausverwaltung überhaupt als Mieterin haben möchte.
Am Freitag bekam ich aber keine Info.
Meine Mutter hielt mich für verrückt, dass ich die alte Wohnung bereits gekündigt hatte. Mein Freund schimpfte ebenfalls über meine Verantwortungslosigkeit. Ich hätte schließlich für ein Kind zu sorgen. Dennoch blieb ich recht ruhig.

Ich wusste einfach, dass ich genau diese Wohnung bekomme.

Am Montag darauf bekam ich dann den ersehnten Anruf der Hausverwaltung. Sie nehmen mich mit sämtlichem Anhang, trotz Insolvenz. Der Mietvertrag lag heute in der Post. Ich muss nur noch unterschreiben. Und das werde ich jetzt tun.
Mag es allen Menschen so einfach und so optimal ergehen wie mir bei der Wohnungssuche!

Verena

Wunsch-Reisen

Was wünschst du dir? Ein Upgrade in die First Class? Eine Reise in den Grand Canyon? Und? Schon angefangen zu wünschen?
Da wir gerade von völlig überraschenden Lieferungen gehört haben, möchte ich mit einer doch wirklich erstaunlichen Wunscherfüllung beginnen.

Das Universum ist kreativ in seiner Lieferung

Hallo Herr Franckh,

ich selbst praktiziere das Wünschen bzw. Bestellen sehr gerne und möchte Ihnen von einer doch eher speziellen Lieferung berichten:
Als ich das letzte Mal einen Urlaub mit meiner Tochter auf die Malediven buchte, bestellte ich, dass ich First Class hinfliege, obwohl ich Economy gebucht hatte. Ich erinnere mich noch, dass ich meine Tickets anschließend genau unter die Lupe nahm, um zu sehen, ob nicht vielleicht versehentlich – auf meine Bestellung hin – First Class gebucht worden war. Zu meiner Enttäuschung war dem nicht so, und auch die Dame am Check-in-Schalter hatte sich leider nicht vertippt.
Aber ich freute mich natürlich trotzdem auf den Urlaub, und so stieg ich in den Flieger und glaube mich noch erinnern zu können, dass ich noch eine kleine und letzte Hoffnung hegte, vielleicht beim Einstieg in den Flieger noch versehentlich zur First Class gelotst zu werden.

Aber wie Sie ja selbst schreiben, das Universum ist kreativ in seiner Lieferung. Und so kam es auch. Beim Suchen unserer Sitze war das Thema »First Class« für mich dann vergessen, und ich setzte mich hin, ordnete mich und betrachtete die weiteren Passagiere, die mit ihrem Gepäck an mir vorbeiliefen.

Plötzlich fielen die Sauerstoffmasken von mir und meiner Tochter herunter.

Ein Passagier hatte anscheinend mit seinem Handgepäck irgendetwas unabsichtlich berührt.
Die Stewardess machte ein Riesentamtam, holte den Piloten und weitere Personen, die sich darauf einigten, dass das unbedingt ein Techniker ansehen und reparieren müsse. Sonst dürften wir nicht hier sitzen bleiben.

Da das Flugzeug in der Economy Class völlig ausgebucht war, durften wir First Class fliegen, damit der Flieger keine Verspätung hatte.

Wow, toll und auch erschreckend finde ich, wie das Universum so liefert (bestätigt wieder einmal die Tatsache, dass man so präzise wie möglich bestellen sollte). Wichtig für mich ist beim Bestellen, dass der Wunsch bzw. die Bestellung mündlich ausgesprochen wird. Ich finde, es hat mehr Macht.

Sabine

Also, so ein Ticket-Upgrade scheint eine leichte Übung zu sein. Aber wie ist das generell? Kann man eine Reise bekommen, ohne dafür bezahlen zu müssen? Noch so eine überraschende Lösung.

In den Grand Canyon – und zwar umsonst!

Hi Michaela und Pierre!

Hier ist meine Wunsch-Geschichte.
Ich sprach mit meinem Mann über die USA, weil ich dort schon mal gewohnt habe. Er sagte, dass er auch mal dahin möchte, um den Grand Canyon zu sehen.
Ich dachte im ersten Moment: »Wann und wie soll das Geld dazu ›herunterregnen‹«?
Nun ja, ich war gerade dabei, Pierres Bücher zu lesen und schickte einen Wunsch raus.

In den Grand Canyon soll es gehen,
und zwar umsonst!

Keinen Monat später kommt meine Nachbarin zu mir, ob ich jemandem aushelfen könnte und wollte. Sie gab mir ein paar Einzelheiten und eine Telefonnummer. Ich rief an und es stellte sich raus, dass ein Reiseleiter jemanden brauchte, der Englisch kann und Fachkenntnisse über die USA besitzt. Perfekt! Ja, wo soll es denn hingehen? Natürlich zum Grand Canyon!
Ich bin fast »abgebrochen«, dreieinhalb Wochen! Der einzige kleine »Fehler« daran war: Ich hatte den Wunsch

etwas falsch formuliert, denn ich wandte die Ich-Form an. Und so habe ich die Reise nur für mich bekommen. Es ging in Phoenix los, weiter über Las Vegas und endete in San Francisco. In Las Vegas ging ein ganz alter, schon fast vergessener Wunsch in Erfüllung. Ich sammle leidenschaftlich die Dispenser von M&M. Das einzige M&M-Geschäft weltweit ist in Las Vegas.

Ein Herzenswunsch von mir ging in Erfüllung.
Vielen, vielen Dank!

Noch eine weitere, kurze Wunsch-Geschichte:
Ich habe in der Schule immer gesagt, dass ich es sehr gemein finde, dass man fünf Tage arbeitet und nur zwei Tage frei hat.
Und ich habe immer behauptet:
»Ich mache es umgekehrt. Ich arbeite am Wochenende und habe die Woche über frei.«
Mit 33 Jahren habe ich einen Job als Verkäuferin auf Messen angenommen. Die Arbeitszeit: Freitag, Samstag und Sonntag.
Was einmal fest im Kopf verankert ist, kann sich auch verwirklichen.
Lieben Dank an euch, Pierre und Michaela!

Marion

Ein Universum an Wünschen

Wie arbeitet das Universum eigentlich?

Nun haben wir immer wieder gehört, wie das Universum an der Erfüllung von Wünschen beteiligt war. Nur: Wie kann das Universum das denn? Und wo genau ist eigentlich das Universum?

Beim Wünschen ist es sehr wesentlich, dass wir an die Erfüllung unserer Wünsche glauben und dabei vertrauen. Wir vertrauen, dass unser Unterbewusstsein alles zu unserem Besten für uns vorbereitet. Dass es den Wahrnehmungsfilter erweitert und offen für alle Lösungen ist und dass wir die Lösungen und Chancen auch bewusst wahrnehmen und sie nicht unbemerkt an uns vorübergehen.

Für viele Menschen ist es allerdings einfacher, ihre Wünsche »an jemanden« oder »an etwas« abzugeben. Sie geben es an Gott, an die Engel oder an das Universum ab – und können dadurch mehr vertrauen. Manchmal ist das eigene Selbstvertrauen eben nicht so stark wie das Vertrauen in eine Schöpferkraft, die alles lenkt.

In Wahrheit ist das Universum nur eine Allegorie, ein gedanklicher Ort, von dem wir glauben, dass dort schon das Richtige für uns entstehen wird.

Das wird auch so sein. Denn alles geschieht nach unserem Glauben.

Für unser Gehirn spielt es dabei keine Rolle, auf welche Weise wir unseren Zielen Glauben schenken. Hauptsache, wir halten an diesen positiven Überzeugungen fest. Wenn uns dabei die Vorstellung an ein Universum oder

an eine höhere Macht hilft, ist dies mehr als nützlich. Auch beim Beten geben wir den Wunsch an eine höhere Macht ab. Wir glauben dann, dass diese höhere Macht uns erhört und uns diesen Wunsch erfüllt.
Beim Glauben an ein Universum wird unser Wahrnehmungsfilter neu ausgerichtet und teilweise sogar erweitert. Wir sind offen für neue Informationen und Hinweise, die sonst nicht an uns herangetreten wären oder die wir gar nicht wahrgenommen hätten.
Also, wenn ein Universum dir hilft, super. Dann nutze das Universum beim Erfüllen deiner Wünsche. Manche nennen es auch liebevoll mit Spitznamen »Uni«.

Wie das Universum perfekt lieferte

Hallo lieber Pierre und liebe Michaela,

ich stecke in einer schwierigen Lebensphase, ich musste mein Gewerbe an den Nagel hängen und einen Insolvenzantrag stellen. Wie soll es weitergehen? Du hast geschrieben: »Wenn nichts mehr geht, Wünschen geht immer.«
Zwei Arbeitsstellen hatte ich schon, aber ich brauchte noch eine, um alles wieder in halbwegs geordnete Bahnen zu bekommen.

Ich habe also beim Universum die beste Lösung bestellt und war sicher, dass sie kommen würde.

Kurz darauf schlug ich den *Wochenkurier* (eine Zeitung, die nur in unserer Stadt erscheint) auf und es sprang mich

sofort eine Anzeige an. Eine Versicherungsagentur in meiner Straße, nur fünf Häuser weiter, suchte eine Mitarbeiterin auf 400-Euro-Basis.
Ich wusste sofort: Das ist mein Job, und bin am nächsten Tag vorbeigegangen. Ich kam in die nähere Auswahl und wurde zum Gespräch eingeladen.
Man war recht angetan und wollte sich melden. Zwei Tage später rief mich der Agenturleiter an und teilte mir mit, er hätte sich für eine Mitbewerberin entschieden.

Ich war nicht traurig, ich vertraute.
Das Universum wird es schon richten.

Zwei Tage später rief man mich erneut an und man eröffnete mir, dass die neue Mitarbeiterin ein besseres Angebot erhalten habe und die Stelle nun wieder frei wäre. Ob ich noch Interesse hätte? Ich bekam das Grinsen nicht mehr aus dem Gesicht. Ich habe sofort zugesagt und fühle mich in dem Job sehr wohl.

Das Universum hat genau so geliefert, wie ich bestellt habe. Wahnsinn!

Gabriele

Ist es das »Universum« oder unser Unterbewusstsein, welches diese »Zufälle« erst möglich macht? Auf jeden Fall ist Vertrauen angesagt, wenn es um die Wunscherfüllung geht!

Das Universum schickt einen Beruf, der glücklich macht

Lieber Pierre,

hier meine Wunsch-Geschichte:
Ich war viele Jahre sehr unglücklich in meinem Beruf in einer Arztpraxis. Ich fühlte mich unterfordert und hatte den Wunsch, etwas zu finden, das mich wirklich glücklich macht und erfüllt.
Also schrieb ich einen Zettel ans Universum:

Liebes Universum, bitte schick mir den Beruf, der mich glücklich macht und erfüllt. Danke!

Ich steckte den Zettel in einen Umschlag und ließ diesen Wunsch los. Was dann passierte: Eine Patientin erzählte mir von einer Klinik, die mit Naturheilverfahren arbeitet. Das war genau mein Wunsch. Ich wollte in ein Krankenhaus, das mit Naturheilverfahren arbeitet. Und das war der Anfang meiner Wunscherfüllung. Ich schickte dort meine Bewerbung hin.
Eine Woche später wurde ich zum Vorstellungsgespräch eingeladen.
Gestern, zwei Wochen später, bekam ich den Anruf, dass ich nächste Woche zum Probearbeiten kommen soll. Und ich weiß, dass ich dann den Vertrag unterschreiben werde. Ich bin unendlich dankbar. Es hat geklappt.

Alex

Das Universum liefert auch auf Umwegen

Sich Geld zu wünschen ist möglich. Aber brauchen wir wirklich Geld, um unsere Wünsche zu realisieren?
Es kann sogar oft hinderlich sein, wenn wir beim Wünschen den Umweg des Geldes wählen. Denn auf diese Weise »limitieren« wir das Universum – sprich unser Unterbewusstsein.
Wir bestimmen dadurch schon vorab, wie die Erfüllung unseres Wunsches zu erfolgen hat. Wir machen genau genommen einen »mentalen Umweg«. Wir glauben, wir bräuchten Geld, um uns das zu kaufen, was wir uns wirklich wünschen.
Dabei ist es wesentlich effektiver, sich gleich die Dinge zu wünschen, die man sich mit dem Geld kaufen würde.
Besser ist es also zu vertrauen und loszulassen.
Das Gewünschte darf einfach kommen. Und zwar direkt. Auf welche Weise auch immer. Und so sind wir plötzlich wieder offen und bereit für alle gewünschten Geschenke.

Ich wünsche mir ein Auto

Hallo lieber Pierre,

auch ich möchte Ihnen heute eine Wunsch-Geschichte erzählen. Ich habe Ihr Buch *Erfolgreich Wünschen* gelesen. Und bei mir sind auch schon einige Wünsche in Erfüllung gegangen. Aber dieser war der Größte:

Mein Sohn wünschte sich bis zum 1. Juli 2010 ein Auto. Die finanziellen Mittel dafür waren aber nicht gegeben. Da er auch *Erfolgreich Wünschen* kennt, gab ich ihm den Tipp, es zu machen. Gleichzeitig habe ich für ihn den Wunsch auch ins Universum geschickt.

Mein Mann und ich waren an einem Donnerstag im März in einem großen Einkaufszentrum, das einen runden Geburtstag feierte. Dort konnte man an einem Gewinnspiel teilnehmen. Gesagt, getan, ich füllte drei Karten aus. Eine für meinen Mann, eine für mich, eine für meinen Sohn. Das Lösungswort: Auto.

Nach dem Kaffeetrinken füllte ich nochmals drei Karten aus. Mein Mann meinte, doppelt hält besser. Karten in die Lostrommel geworfen und vergessen. Das heißt: nicht ganz. Ich wusste, sie rufen mich Freitagabend an und teilen mir mit, dass ich gewonnen habe. Danach war die Aktion erst mal vergessen.

Am Freitagabend – man glaubt es nicht – rief mich die Dame vom Einkaufszentrum wirklich an und fragte mich, ob ich am Samstag um 18 Uhr ins Center zur Gewinnübergabe kommen könnte. Siegessicher sagte ich zu, ohne zu fragen, was ich gewonnen habe.

Nach dem Telefonat rief ich meinen Sohn und fragte ihn, ob er Samstag Zeit hätte, den Gewinn, sein Auto, abzuholen. Ich war felsenfest davon überzeugt, dass ich ein Auto gewonnen habe. Mein Sohn war Feuer und Flamme.

Allerdings stand überhaupt nirgends geschrieben, was man eigentlich gewinnen konnte. Es war schon eine aufregende Geschichte.

Mein Sohn erzählte dann später seinen Kumpels, dass er am Samstagabend ein Auto sein Eigen nennen kann. Die Antwort kann man sich ja denken!
Ich habe am selben Abend dann noch die Geschichte von Michaela gelesen, wo sie auch ein Auto gewonnen hat.
Den ganzen Samstag drehte sich alles nur um das Auto. Zwischendurch waren mal ganz kleine Zweifel da, aber ich muss sagen, da war mein Sohn besser. Er sagte mir:

»Mama, egal wie viel Gewinne sie haben, das Auto gehört mir.«

Also fuhren wir pünktlich los, es war supertolles Wetter. Im Center angekommen, erfuhren wir, dass zwölf Teilnehmer (von 7000 Karten) schon gewonnen hätten, nur wusste noch keiner, was. Ein Auto war weit und breit nicht zu sehen.
Der Moderator stellte mir dann einige Fragen und ich erzählte ihm, dass ich am Spiel teilgenommen hätte, weil ich das Auto für meinen Sohn gewinne.
Er war für Sekunden sprachlos. (Seine stumme Frage: »Woher weiß sie, dass es ein Auto zu gewinnen gibt?«)
Die zwölf Teilnehmer mussten Nummern ziehen, die ebenfalls auf einem großen Glücksrad befestigt waren. Es wurde dann der Gewinn vorgelesen und die Nummer dazu gedreht. Ich kann dir sagen, es war Krimi pur. Meine Bekannte und ihr Mann waren auch da und sie hatten mir ganz fest die Daumen gedrückt. Ihr ging eine Gänsehaut nach der anderen den Rücken runter, so etwas hatte sie auch noch nicht erlebt.

Plötzlich waren nur noch zwei Nummern übrig und meine war dabei...
Mein Herz fuhr Achterbahn. Jetzt wurde auch der Hauptgewinn vorgestellt und tatsächlich, es wurde ein Auto reingefahren.
Mein Gedanke war: Das Auto für meinen Sohn!
Die Nummer wurde jetzt gegen Weiß oder Rot eingetauscht. Ich hatte die Farbe Rot. Das Glücksrad wurde gedreht, es wurde langsamer und langsamer, zog über das weiße Feld und ganz ganz, ganz langsam mit dem letzten Schwung auf das rote Feld.

Wir hatten das Auto! Unglaublich!
Die Freude war riesengroß. Innerhalb von zwei Tagen haben wir ein Auto gewonnen.

Inzwischen ist eine Woche vergangen. Wir können es immer noch nicht ganz glauben, aber es ist auf uns zugelassen und mein Sohn ist stolzer Fahrer. Meine Geschichte hat sogar starke Realisten überzeugt.
Danke, dass es deine Bücher gibt!

Gabi

Bettina ist auch eine gute Wünscherin. Sie hat sogar einen kleinen »Deal« mit dem Universum gemacht.

Eins für dich, eins für mich

Wir brauchten in der Gemeinde Geld für ein größeres Mischpult, es fehlten 700 Euro. Meine Abmachung mit dem »Universum« war (da ich SKL spielte), dass der erste Gewinn an die Gemeinde geht und ich im nächsten Monat den Gewinn behalte.
Und siehe da: Ich hatte tatsächlich 700 Euro gewonnen, die ich anonym gespendet habe.
Nun war ich aber gespannt und ebenso zuversichtlich.
Und tatsächlich: Im darauffolgenden Monat hatte ich wieder 700 Euro gewonnen, die ich dann behalten habe.

Mein Motto ist: Ich wünsche mir nur das Beste von dem, was ich bekommen kann!

Ich bin voller Dankbarkeit für Ihre Bücher und für jedes Erlebnis. Das Leben ist spannend und herrlich.

Bettina

Pedi wiederum war noch so enthusiastisch von dem Erlebnisabend, den ich im März in ihrer Nähe gehalten hatte, dass sie während der Abendvorstellung genau wusste, dass sich ihr Wunsch verwirklichen würde. Noch in der gleichen Nacht machte sie zu Hause ein kleines Ritual – wie alle anderen Teilnehmer an diesem Abend auch. Sie fokussierte nochmals ihren Wunsch und war offen und bereit für dessen Erfüllung.

Wie Pedi das Haus rettet und einen wundervollen Partner findet

Lieber Pierre,

durch deine Bücher – und deinen Vortrag Anfang Mai – habe ich Wesentliches dazugelernt, vor allen Dingen bin ich jetzt viel gelassener, denn gerade das Buch *Einfach glücklich sein* hat es echt in sich gehabt. Das Leben ist schön!
Hier in *Kürze* meine Geschichte:
Am Tag nach der Geburt unseres siebten Kindes war unsere Ehe durch ein Ereignis für mich schlagartig zerstört. Ich wollte mit den Kindern aufs Land ziehen, ein Haus mieten, meinen Mann in der Stadt lassen. Doch der wollte mit. So gab ich uns eine Chance: Wir verkauften das Zweifamilien-Reihenhaus und kauften ein frei stehendes Flachdachhaus in einer Sackgasse. Das Haus war zwar für uns neun Personen zu klein, aber mit dem Geld, das in den nächsten Jahren vom Finanzamt kommen würde, wollten wir aufstocken – noch waren die Kinder ja klein. Aber es sollte anders kommen. Wir waren gerade eingezogen, die Küche hatte ich als einzigen Raum renoviert, da stand der lang gebuchte Urlaub an. Erst einmal erholen, dann die restlichen Sommerferien über die anderen Zimmer tapezieren. Wir stellten alle Möbel – außer die Betten und einen Esstisch – in den wunderbaren großen Keller und fuhren los.
Doch was für eine böse Überraschung! Bei unserer Rückkehr stand 20 Zentimeter hoch Wasser im Keller und un-

ser Hab und Gut mittendrin. Alles hatte Wasser gezogen: Möbel, Bücher, Spielzeug, alles miefte und triefte.
Später wussten wir, dass es nicht an der Pumpe lag, sondern der Boden fast unsichtbare Risse hatte und bei einer Überschwemmung der Wümmewiesen auch unser Keller stets überschwemmt war.
Auch noch Wochen danach kroch aus dem Keller ein Modergeruch nach oben, da er fast nie richtig trocken war. Ich hatte die drei Kinderzimmer für die Ältesten renoviert, wir anderen sechs schliefen zusammen in einem Zimmer mit vier Betten. Die Ehe war eine Katastrophe und sie wurde immer schlimmer.
Trotzdem wusste ich: Ich rette dieses Haus, egal wie.
Im Grunde genommen praktiziere ich schon lange *Erfolgreich Wünschen*, aber durch deine Bücher ging ich nun ganz konkret an die Sache heran.
Ich wusste, diese Lage konnten wir ohne Geld erst einmal nicht ändern. Ich begann zu wünschen. Ganz zielgerichtet:

»Ich rette dieses Haus.«

Und da ich meine Wünsche hilfreich begleiten wollte, löste ich mit meinen Kindern erst einmal Gewinnspiel-Rätsel und wir schickten die schönen Karten mit den Lösungen weg.
Zuerst gewannen wir ein Fahrrad. Kurz darauf einen Motorroller. Und dann, an dem Tag, als wir gerade den letzten Prozess (wegen des Hauskaufs und der Haftung des Vorbesitzers für den defekten Keller) verloren hatten, ge-

wannen wir das erste Auto – und nur zwölf Tage später schon das zweite.
Beide machte ich zu Bargeld und konnte so die dringend benötigte Drainage bezahlen, bevor im nächsten Winter der Frost ins Fundament gedrungen wäre.
Parallel dazu entwickelte ich gemeinsam mit den Kindern eine Kinderbuchserie, zu der die Jungs die Zeichnungen anfertigen.
Da unsere Ehe immer schlimmer wurde, sagte ich eines Tages zum Vater der Kinder: »Ich suche mir jetzt einen neuen Partner.« Er glaubte nicht, dass mich überhaupt jemand nehmen würde, mit sieben Kindern und einem Haufen Schulden. Doch ich war mir sicher, dass der Richtige schon auf mich wartet.
Tja, lieber Pierre, ich sag dir bestimmt nichts Neues: Ich fand ihn. Und zwar ruckzuck. Noch im gleichen Jahr, keine vier Monate nachdem wir uns kennengelernt haben, zogen wir – mit sechs meiner Kinder – zusammen.
Ich bin einfach glücklich. Danke schön.

Pedi

Das Universum hat Humor

Wenn Wünsche sich nicht so genau erfüllen, wie man sich das vorgestellt hat, hat das oft einen Grund. Meist liegt es an der ungenauen Formulierung oder an den nur vagen inneren Bildern, die wir vor unserem inneren Auge entstehen lassen.

Die meisten »Fehler« beginnen schon bei der Formulierung – wenn man zum Beispiel Worte wie »nicht« und »kein« benutzt.

Da alle Affirmationen und zielorientierten Formulierungen in unserem Gehirn Bilder erzeugen, sollten uns diese präzisen Bilder zu einem Ziel geleiten, damit sich unser Wahrnehmungsfilter in diese Richtung öffnen kann.

Wenn wir aber Worte wie »kein« oder »nicht« benutzen, erzeugen wir nur Bilder von den Dingen, die wir nicht haben wollen.

»Ich will nicht arm sein« schafft ein Bild von Armut. »Ich will nicht in dieser Wohnung sein« baut das Bild der ungeliebten Wohnung auf. »Das passiert mir nie wieder« – nun? Was denken wir, was wir dann in unser Leben direkt hineinziehen?

Ein sehr lustiges Beispiel hat uns Kristine zu erzählen, die sich auf keinen Fall …

Ich wünsche mir nicht und kein …

Lieber Pierre Franckh,

bevor ich Ihr Buch in den Händen hielt, machte ich eine tief greifende Erfahrung mit dem Thema *Erfolgreich Wünschen*.
Als ich bemerkte, dass ich schwanger war, formulierte ich mehrere Wünsche gleichzeitig. Im Nachhinein betrachtet recht oberflächlich, aber so war ich damals eben.
Ich wünschte mir keinen Jungen, und wenn es doch einer werden sollte, dann bitte keinen vom Sternzeichen Fisch, sondern einen Widder. Bitte keine roten Haare, denn ich habe selbst rote Haare und wollte nicht, dass er den vielen Scherzen ausgesetzt ist. Weiterhin sollte er bitte nicht so einen »hässlichen« Bauchnabel haben.
Und jetzt kommt's. Ich bekam alles wie gewünscht. Einen Jungen, Sternzeichen Fisch, Mondstellung Widder. Er hat rote Haare und keinen schönen Bauchnabel. Aber ich liebe ihn über alles.
Ich muss ziemlich oft an diese Geschichte denken und weiß seitdem, dass das Wünschen funktioniert.
In Zeiten, in denen ich vor Stress keine Ruhe finde, erinnere ich mich gerne an die vielen Möglichkeiten, die das Universum bietet, wenn man sich ihm anvertraut und wenn man vertraut.
Danke für die wundervollen Bücher!

Kristine

So manche Wunscherfüllung ist für uns immer wieder ein wundervoller Beweis, dass das Wünschen klappt. Wenn man fest daran glaubt, dann geschieht es auch.
Ich habe noch ein gutes Beispiel, dass man auch falsch wünschen kann. Unaufgeforderte Zahlungen? Wirklich?

Ist da nicht ein Wort seltsam?

Lieber Pierre,

als wir aus den Staaten kamen, hatte mein Mann für kurze Zeit einen Job, für den er sehr oft weite Strecken auf der Autobahn fahren musste. Damit mehr Geld in unsere Haushaltskasse kommt, schrieb ich einen Zettel:

»Liebes Universum, es kommen unaufgefordert Zahlungen auf mich zu.«

Diesen Zettel heftete ich an die Pinnwand beim PC und las ihn auch täglich. Ja, und dieser Wunsch kam postwendend.

Fünf Tage hintereinander kam täglich ein Strafzettel.

Ich dachte: »Mann, hört das denn nie auf?« Bis ich mir den Zettel einmal ganz genau ansah. Da fiel es mir sofort auf. Ich hatte mir Zahlungen gewünscht und keine Geldeingänge! Und meine Wünsche wurden auch sofort erfüllt. Der Zettel flog ganz schnell in den Müll, und dann hörten auch die Strafzettel auf. Es waren nie große Beträge, aber das war mir dann doch zu viel.

Eigentlich hätte mir das nicht passieren dürfen, weil ich ja deine Bücher gelesen habe – peinlich!

Gaby

Wie wäre es mit einem Lottogewinn? Ups. War da was falsch formuliert?

Der berühmte »Sechser« im Lotto

Lieber Herr Franckh,

vor zwei Wochen bin ich per Zufall auf Ihr Buch *Wünsch es dir einfach – aber richtig* gestoßen.
Am vergangenen Wochenende haben mein Sohn und ich uns einen »Sechser« im Lotto gewünscht.
Am Dienstag bin ich also in unseren kleinen Zeitungsladen gegangen und ließ den Lottoschein vom Samstag nachschauen. Ich musste so lachen, als der nette Mann mir sagte:

»Herzlichen Glückwunsch,
Sie haben 6 Euro gewonnen.«

Wenn ich jetzt eins dazugelernt habe, dann, dass man seine Wünsche schon ganz genau formulieren sollte (wie es ja auch in Ihrem Buch beschrieben wird), weil das Universum wohl ganz klare Anweisungen braucht.
Aber aller Anfang ist schwer und ich weiß, dass es funktioniert (mit Parkplätzen hab ich z. B. keine Probleme mehr).

Ich wünsche Ihnen weiterhin viel Erfolg und alles erdenklich Gute.

Gisela

Alles soll weg, was einen an altem Krempel belastet? Nun ja, das Universum hat da sehr schnell eine Lösung parat.

Loslassen bitte – aber gründlich!

Lieber Pierre,

seit meinem ersten Besuch bei einem deiner Vorträge war ich fest davon überzeugt, dass, wenn man sich etwas wirklich von Herzen wünscht, dies auch in Erfüllung geht. Mit dem Parkplatz und einigen Kleinigkeiten hat das ja schon ganz gut geklappt.
Im Frühjahr haben mein Mann und ich nun festgestellt, dass unser Haus im Laufe der Jahre doch ziemlich abgewohnt war und sich viel Unnützes angesammelt hat.
Also frisch ans Werk und erst mal mit dem Keller angefangen.
Einige Tage haben wir ausgeräumt und Müllsäcke mit diversem Sperrmüll gefüllt. Der sammelt sich ja schnell an.
Erschlagen von so viel »Krempel«, sagte ich zu meinem Mann, dass ich am liebsten einen großen Container vor der Türe stehen hätte, in den wir alles, was uns belastet, hineinwerfen können. Mein Mann setzte noch einen obendrauf und meinte, wenn schon Container, dann doch bitte auch gleich:

Ein »Haus im Glück«-Team, welches das ganze Haus renoviert, bevor wir nach einem Hotelaufenthalt in unser neues Haus einziehen können.

Beide waren wir uns aber einig, dass der dazugehörige Aufwand und erst recht die Fernsehteams wohl nichts für uns wären.
Die Wünsche waren mehr dahingesagt, aber was wir damit ausgelöst haben, hat uns dann doch umgehauen. Da wir unsere Wünsche nicht klar definiert hatten, kam, was kommen musste.
Zwei Tage später hat es bei uns im Haus gebrannt.
Was soll ich sagen? Als Erstes kam der Container, in den alles entsorgt wurde, was verbrannt war. Dann kamen viele Helferlein, die unser Haus zum Teil abgebaut und wieder neu aufgebaut haben – aber alles ohne Kameras.
Nach vier Monaten Hotelaufenthalt konnten wir wieder in unser Haus einziehen.
Beim nächsten Wunsch werden wir auf jeden Fall aufpassen, wie wir unsere Wünsche formulieren.

Hildegard

Zum Abschluss noch eine sehr schöne Wunsch-Geschichte, die zeigt, dass das *Erfolgreich-Wünschen-Prinzip* auch für schönes Wetter sorgen kann – wie beim Konzert von Xavier Naidoo …

Xavier Naidoos Mama wünschte sich das Wetter schön

Lieber Pierre,

heute muss ich dir einfach etwas ganz Wundervolles berichten.
Ich war vergangenes Wochenende von Eugene und Xavier Naidoo zum Konzert nach Berlin eingeladen, da ich beim Casting mitgeholfen hatte. Wohlbemerkt ein Open-Air-Konzert.
Das Wetter verhieß nichts Gutes, und so machte ich mich mit Eugene (Xaviers Mama) daran, das Wetter schön zu wünschen (ich hatte sie in die Kunst des Wünschens eingeweiht)…
Freitags regnete es aus Kübeln, doch pünktlich zum Konzert der Söhne Mannheims hörte der Regen auf, und das blieb bis zum Ende des Konzerts so.
Am Samstag sollte es wieder Dauerregen geben. Geübt im Wetterwünschen, machten wir uns also wieder an die Arbeit. Als während des Konzertes von Xavier dann wieder dicke Wolken aufzogen, wünschten Eugene und ich, dass die Wolken weiterziehen.
Während des Konzerts meinte sie zu mir, ich solle mal nach oben sehen. Und was soll ich sagen? Ich sah rechts und links dunkle Wolken und in der Mitte blickte ein wunderschöner blauer Abendhimmel hervor.
Am Sonntag bedankte sich Xavier bei uns für das tolle Wetter, er weiß ja, dass ich wünsche und bei dir die *Erfolgreich Wünschen*-Coach-Ausbildung mache.

Ich ärgerte mich noch, dass ich kein Foto gemacht hatte. Aber ein Fotograf hat diesen wundervollen Moment festgehalten, und auf Xaviers Homepage kannst du das Foto anschauen (das zweite Foto, einfach anklicken!) Einfach Gänsehaut pur!
Pierre, ich kann mich immer wieder nur bei dir bedanken, alle meine Wünsche werden wahr, die kleinen und die großen. Und es ist mir eine Ehre, deine wundervollen Gedanken so weit wie möglich zu verbreiten.

Barbara

Über uns

Ihr Lieben!

Danke, dass ihr unserem Leben einen Sinn gebt. Es gibt kein größeres Geschenk, als anderen Menschen helfen zu dürfen.
Seitdem wir dies tun dürfen, haben wir unsere Bestimmung gefunden. Wir sind glücklich und beseelt.

Es ist einfach wundervoll, wenn Menschen sich selbst wiederfinden und sich an die eigene innewohnende Kraft erinnern.

All die Wahrheit schlummert schon immer in uns.
Manchmal haben wir nur vergessen,
dass wir Zugang zu unseren
wundervollen Seiten haben.

Bleibt immer dran! Wie holprig der Weg auch sein mag – es lohnt sich, das Leben in jeder Minute bewusst zu erleben und sich seine Wünsche zu realisieren.

Und danke für all die wundervollen Mails, die uns zeigen, dass auch wir auf dem richtigen Weg sind.

Was motiviert euch?

Ich freue mich über jeden Impuls oder eine Erfolgsgeschichte von euch. Wenn du magst, kannst du uns sehr gerne deine Erfolgsgeschichte, deine persönlichen Erlebnisberichte oder Motivationstipps an:
info@pierrefranckh.de mailen.
Gern stelle ich diese dann meinem Verlag vor – sollte eine eurer Geschichten Gefallen finden und in einem der nächsten Bücher erscheinen, bekommt ihr natürlich zwei Buchexemplare mit einer ganz persönlichen Widmung von mir.

Ich danke euch für euer wundervolles Vertrauen, das ihr mir mit euren Mails und Briefen entgegenbringt. Sie geben mir immer wieder die Kraft und Motivation weiterzuschreiben.
Herzlichen Dank dafür.

Wer gerne mehr Informationen über mich und die aktuellen Aktivitäten erhalten möchte, der kann sich gerne auf meiner Homepage informieren.

Wer auch meinen 14-tägigen Newsletter beziehen möchte, kann sich gerne auf meiner Homepage eintragen oder mir eine kurze Mail schicken. Der Newsletter ist natürlich kostenlos.

www.pierre-franckh.de

Wochenendseminare

Im Laufe unseres Lebens stellen wir uns öfter dieselben Fragen:

Wie nutze ich meine mentale Kraft richtig?
Wie lernt man, erfolgreich zu sein?
Wie verleihe ich meinen Wünschen Kraft?
Wie erkenne ich meine unbewussten Gedanken?
Was torpediert meine bewussten Ziele und was kann ich daran ändern?
Wie wird man seine Zweifel los?
Wie kann ich meine Glaubensmuster verändern?
Wie räume ich den inneren Weg frei, um meine Potenziale zuzulassen?
Wie schaffe ich es, mich zu verwirklichen?
Wie kann ich mein Leben so gestalten, dass ich glücklich bin?
Wie schaffe ich es, meine Beziehung harmonisch zu gestalten?
Wie verwirkliche ich meine Ziele in Beruf und Partnerschaft?

Das Eingehen auf persönliche Fragen und Anliegen während des Seminars kann einen tieferen Einblick in die eigenen Verhaltensweisen geben und Möglichkeiten aufzeigen, wie man aus dem Kreislauf der einengenden Muster aussteigen und neue Lebensqualität gewinnen kann.

Wenn wir einmal die mentale Kraft und damit die persönliche Macht gespürt haben, Dinge in unserem Leben nach unserem Willen zu verändern, erhalten wir nicht nur unser Selbstwertgefühl zurück, sondern auch das Gefühl, eine selbstbewusste und ausgeglichene Person zu sein. Wenn wir beginnen, unsere Ziele erfolgreich umzusetzen, fühlen wir uns glücklich. Wir fühlen uns als aktiven Teil der Welt, die wir nach unseren Wünschen gestalten. Wir gehen raus aus der ohnmächtigen Abhängigkeit von anderen und hinein in die Eigenständigkeit.
Die Übungen können unsere Sichtweise nachhaltig verändern. Unser Erleben, unsere Wahrnehmung, unsere Partnerschaft und die Liebe zu uns selbst.

Die Termine für die Seminarreihen: *Erfolgreich Wünschen* mit dem Gesetz der Resonanz, Erfinde dich neu, Beruf & Berufung, Liebe & Partnerschaft, Ziele definieren & Visionen leben etc. findest du auf: **www.pierre-franckh.de**

Coach-Ausbildung

Die Ausbildung zum Coach mit Pierre Franckh und Michaela Merten richtet sich an alle, die dies als Persönlichkeitsentwicklung nutzen, und an diejenigen, welche Coach werden möchten oder dieses Training in ihr bisheriges Beratungsangebot integrieren wollen.
Coach zu sein ist eine spannende und herausfordernde Arbeit. Du kannst Menschen in ihrer beruflichen und persönlichen Entwicklung unterstützen und zugleich an deren Veränderungen teilhaben.

In der Coach-Ausbildung und in der späteren Arbeit wirst auch du dich verändern und weiterentwickeln. Denn: Nur wer selbst einen Coaching-Prozess durchlaufen und sich dabei weiterentwickelt hat, kann erfolgreich andere coachen. Mit dieser umfassenden Ausbildung erhältst du genau das Handwerkszeug, um Menschen umfassend zu unterstützen.

Alle Informationen erhältst du hier:
www.pierre-franckh.de
Wenn du Fragen hast, kannst du gerne auch Michaela eine Mail schicken:
michaelamerten@web.de
Wir freuen uns auf dich.

MIX
Papier aus verantwortungsvollen Quellen
FSC® C006701

Verlagsgruppe Random House FSC® N001967
Das für dieses Buch verwendete FSC®-zertifizierte Papier
Munken Premium Cream liefert Arctic Paper Munkedals A.S., Schweden.

Projektleitung: Nikola Hirmer
Redaktion: Petra Kunze
Satz: Uhl + Massopust, Aalen
Layout: Claudia Hautkappe, München
Korrektorat: Susanne Schneider, München
Umschlaggestaltung und Konzeption: Geviert – Büro für Kommunikationsdesign München

Bildnachweis:
Illustration Luftballons Innenteil: iStock (Coy Townson)

Druck & Bindung: CPI books GmbH, Ulm

Printed in Germany

ISBN 978-3-424-15282-1

1. Auflage 2015